SEATTLE
Y OTROS

CARTAS POR LA TIERRA

1854-1999

Recopilación, selección y notas:
Miguel Grinberg

errepar · longseller

Tapa: Javier Saboredo
Corrección: Delia N. Arrizabalaga

ERREPAR S.A.
Avenida San Juan 960 - (1147) Buenos Aires
República Argentina
Tel.: 4300-0549 - 4300-5142
Fax: (5411) 4307-9541 - (5411) 4300-0951
Internet: www.errepar.com
E-mail: libros@errepar.com

ISBN 950-739-721-3

Esta edición se terminó de imprimir en los talleres de Errepar,
en Buenos Aires, República Argentina,
en el mes de agosto de 1999.

"Cada porción de este país es sagrada para mi pueblo. Cada colina, cada valle, cada llanura y cada arboleda ha sido reverenciada por algún recuerdo afectuoso o por alguna experiencia triste de mi tribu."

—CACIQUE SEATTLE

Por primera vez se ofrecen en nuestro idioma las palabras que en 1854 pronunció el líder del pueblo Suquamish —el jefe indígena norteamericano Sealth— y que más de un siglo después inspiraron la célebre *Carta de Seattle al Presidente de los Estados Unidos*, ante el avance conquistador del hombre blanco y el drama ecológico y espiritual de los antiguos pieles rojas. Van acompañadas, aquí, por otros testimonios antiguos y actuales de una resistencia cultural que se mantiene activa en las Américas, recopilados y traducidos por el poeta argentino Miguel Grinberg.

Ciento cincuenta años atrás, el jefe indígena norteamericano Noah Sealth (1786-1866) no podía imaginar que, convertido en el mítico Cacique Seattle, atravesaría las fronteras del siglo XXI como portavoz de uno de los más expresivos manifiestos ecologistas de todos los tiempos. A través de las décadas, sus palabras originarias —pronunciadas en 1854— fueron generando frutos en la conciencia de otros hombres inspirados: y el resto fue obra de acontecimientos fortuitos y fenómenos espontáneos. Al punto que, si bien Sealth jamás redactó una misiva dirigida al máximo gobernante de EE.UU., casi es como si lo hubiera hecho.

Hoy todo el mundo sabe que la célebre "Carta de Seattle" presuntamente dirigida al presidente Franklin Pierce fue elaborada mucho después, por el profesor Ted Perry en 1972 —basándose en la alocución de Sealth en 1854— como texto para la banda sonora del filme *Home* (Hogar), producido por un equipo evangelista, la Southern Baptist Television. De ahí en adelante, fue configurándose una leyenda. Se hicieron traducciones en todo el mundo, y el lema "La tierra no pertenece al hombre, el hombre pertenece a la tierra" se multiplicó en afiches y textos escolares.

Sealth vivió en una época dura, compleja, signada por la expansión irrefrenable de los europeos hacia el Oeste norteamericano. Hijo de la etnia Suquamish por el lado paterno, y Duwamish por el lado materno, su región natal cubría el noroeste de EE.UU. en el linde con Canadá, sobre la costa del Pacífico, hoy estado de Washington (que no debe confundirse con la ciudad de Washington, capital estadounidense, situada en el este del país). Su significación histórica fue tan notoria, que la capital de ese estado se llama Seattle en su homenaje.

A 42 tribus de EE.UU., y la Columbia Británica canadiense los ligaba un idioma común, el Salish, y en el dialecto tribal su nombre sonaba See-at-la. Como joven guerrero, Sealth era un "tyee" (autoridad suprema), cargo hereditario recibido de su padre, el Cacique Schweabe. Y muy temprano dio pruebas de su capacidad como luchador contra tribus hostiles, diplomático y orador, lo cual le permitió amalgamar a todas las familias Salish del estrecho de Puget.

Desde niño, Sealth intuyó que el hombre blanco no sólo llegaba para dominar su región natural, sino que advirtió la fortaleza de sus armas y su tecnología. Tenía seis años en 1792 cuando el navío del capitán George Vancouver ancló en la isla Bainbridge, frente a su poblado. Ya adulto, mantenía trato fluido con los colonos europeos, casi como tratando de adivinar los caminos a seguir para no perder su identidad en el inevitable trance de adaptarse a una cultura foránea. Los historiadores destacan que como parte de ese proceso, en 1838 y a partir de sus nexos con misioneros católicos franceses, se avino a ser bautizado dentro de la fe cristiana, y dado su porte y su autoridad, le pusieron Noé.

El máximo pionero de la implantación blanca y de la fundación de lo que en el porvenir sería la ciudad de Seattle, fue uno de los muchos que enfiló hacia el Lejano Oeste en busca de fortuna: el doctor David "Doc" Maynard. La respuesta de los pueblos Salish no se hizo esperar y abundaron las confrontaciones violentas, en las cuales los indígenas llevaron siempre la peor parte. En 1853, asumió el poder político regional el gobernador Isaac Stevens, adscripto a la filosofía conquistadora de la época: "el mejor indio, es el indio muerto". Su gestión tenía apenas dos rumbos, o liquidar a los nativos, o proponerles como trato la concesión de zonas "reservadas". En 1854 se presentó en la incipiente ciudad, y fue allí donde se produjo la memorable alocución del "tyee" Sealth, ya con 68 años, donde lamentaba el fin del reinado aborigen y el futuro dominado por los blancos. Un colono, el doctor Henry Smith, tomó notas de lo expresado y las publicó en el diario local, recién en 1887.

En 1855, con motivo de la firma del acuerdo de Puerto Madison para la creación de la Reserva Suquamish, Sealth disertó brevemente en público, por segunda vez. Y tres años después, paupérrimo y abatido, lo hizo por última vez para lamentar que el Congreso de la Unión no hubiese ratificado el pacto firmado, lo cual dejaba a los indios totalmente desamparados: "Estuve muy pobre y muy hambriento durante el invierno, y estoy muy enfermo ahora. Dentro de poco, moriré. Y cuando eso ocurra, mi pueblo se hundirá en la miseria, sin jefe, y sin nadie que hable por él". Ese discurso y las expresiones de 1855 se preservan en los Archivos Nacionales de EE.UU.

Durante más de un siglo, la figura del Cacique quedó cristalizada en los anales folklóricos de la ciudad de Seattle. Su gente le dio al discurso de 1854 el carácter de "oración". En 1931 volvió a ser publicado por Clarence Bagley, y otra versión con la prosa "mejorada" apareció en 1969, por obra del poeta William Arrowsmith (a quien se le atribuye el agregado de las dos últimas frases), embanderado con los ideales contraculturales de los años '60. La leyó en público durante un acto estudiantil el 22 de abril de 1970, Día de la Tierra: entre el público estaba Perry.

Fue aquella iniciativa del poeta la que llamó la atención del educador, comprometido para redactar un guión "legendario" sobre ecología y contaminación ambiental. Lo hizo sinceramente, y entregó el texto a los productores de la película, que finalmente "retocaron" el mensaje con matices evangélicos ("Nuestro Dios es el mismo Dios" en vez de "Vuestro Dios ama a su pueblo y odia al mío") y eliminaron el nombre del guionista, de los créditos cinematográficos. Miles de afiches o volantes con la "Carta de Seattle" salieron en todas direcciones, y nunca más se detuvo la confusión. Perry declaró: "Me incomoda enormemente que se suponga que quise poner palabras en la boca del Cacique Seattle. Esa jamás fue mi intención. Sólo imaginé lo que él diría en estos días". Actualmente, en EE.UU., muchos profesores de historia y ciencias sociales proponen a sus alumnos el estudio comparativo de ambos textos, para sacar conclusiones sobre el problema de ser indígena (piel roja) en un mundo de hombres blancos.

En noviembre de 1972, la revista *Environmental Action* publicó el nuevo texto, y en vez de identificarlo como un discurso lo identificó como una "Carta al presidente Pierce". Poco después —Perry, estigmatizado, ya no aparecía más como originador— fue adoptada en Inglaterra por el Consejo Mundial de Iglesias y monseñor Bruce Kent la llamó "casi un Quinto Evangelio".

En 1991, la ilustradora estadounidense Susan Jeffers la convirtió en el libro *Hermano Aguila, Hermana Cielo* y se vendieron más de 400.000 copias:

hoy están en la mayoría de las bibliotecas escolares del país. Seattle aparece con cuernos de búfalo y los indios cabalgan en "pony" por las praderas. El jefe Sealth vivió siempre en los bosques de Puget, jamás vio un búfalo en su vida, mucho menos un tren, y tampoco montó un "pony".

Un reproche difícil de sobrellevar cayó sobre Perry, que enseñaba en Texas y fue luego director del Departamento de Cine del Museo de Arte Moderno local. Hoy enseña cine y teatro en un pequeño colegio de Nueva Inglaterra y comenta: "Seattle me inspiró, y punto. La frase 'nuestro Dios es el mismo Dios' no es mía, la agregaron los bautistas. ¿Cuál es finalmente la lección? Bueno: realmente no confiamos en un relato a menos que confiemos en el narrador. Si dejamos de confiar en el narrador, el relato deja de ser verdadero".

En torno a las obvias polémicas surgidas del asunto, los investigadores históricos Joyce Meredith y William Steele destacaron que "el evangelio del Cacique Seattle es una cuestión mucho más compleja de si ese jefe dijo o no dijo tal cosa, o si le escribió o no una carta al presidente Pierce. Si no se nos transmite una sabiduría ambiental tan pulcramente como habíamos pensado, la articulación de nuestra propia ética ambiental puede volverse hueca. Tal vez sea hora de reconocer que una ética ambiental se ha ido desarrollando en la cultura occidental, aunque sólo sea en ciertos segmentos de ella. Esto no quiere decir que debamos abandonar la búsqueda de la sabiduría en las culturas indígenas americanas. Por el contrario, debemos seguir profundizando esta fuente de sabiduría y bregar para entender lo que realmente tiene para expresar, en vez de buscar lo que nosotros queremos que diga".

La tumba del cacique de los Suquamish —monumento histórico— se encuentra en el pequeño cementerio católi-
co de la iglesia de San Pedro de la ciudad
de Seattle (nombre que simboliza el respeto que el colonizador Maynard sentía
por el jefe indígena), con las prominentes
montañas Cascade como trasfondo. La
lápida expresa simplemente *Sealth*. La se-
de de la Reserva tribal se halla en el
Puerto Madison de la península Kitsap
(población estimada: 1.500 habitantes),
bien organizada para atender a los turistas
"verdes" y la venta de artesanías y varia-
dos recuerdos regionales, y hasta con un
sitio electrónico http:// www. suquamish.
nsn.us). Amplios emprendimientos inmobi-
liarios en derredor achican más y más
el mundo natural que el "tyee" tanto
temía ver borrado de los mapas.

En la capital del estado de Washington,
en la esquina de la quinta avenida y la
calle Cedar, hay una estatua que lo evo-

ca. En la universidad de Seattle, frente a la piscina, hay un busto conmemorativo. El sello oficial del municipio, creado en 1937, ostenta la efigie del Cacique. Un colegio secundario (con su respectivo equipo deportivo) se denomina Sealth. Todos los años, en agosto, se celebran los Días del Cacique Seattle, con danzas tradicionales, cenas a base de salmón y típicas carreras de canoas. *"De noche, cuando las calles de vuestras ciudades estén silenciosas, y piensen que están desiertas, se hallarán atestadas de huéspedes que regresan, los que alguna vez colmaron y todavía aman esta hermosa tierra".*

—Miguel Grinberg

Oración del Cacique Seattle

1854

Publicada en el Seattle Sunday Star, el 29 de octubre de 1887

*E*l anciano Cacique Seattle era el indio más corpulento que jamás vi, y de lejos el de aspecto más noble. Medía 1,80m, de pie sobre sus mocasines, tenía espaldas anchas, un pecho profundo y finas proporciones. Sus ojos eran grandes, inteligentes, expresivos y amistosos cuando se hallaban en reposo, y fielmente reflejaban los variables humores del alma inmensa que miraba a través de ellos. Era usualmente solemne, callado, y digno, pero en numerosas ocasiones se desplazaba entre multitudes reunidas, como un Titán entre Liliputienses, y sus leves palabras constituían leyes.

Cuando se ponía de pie para hablar en el consejo tribal o para dar tiernos consejos, todos los ojos se volvían hacia él, y profundas, sonoras y elocuentes frases rodaban de sus labios como incesantes truenos de cataratas que fluyen desde fuentes inextinguibles. Y su magnífico porte era tan noble como el del más cultivado jefe militar al mando de las fuerzas de un continente. Ni su elocuencia, ni su dignidad, ni su gracia fueron algo adquirido. Eran tan nativas de su hombría como las hojas y los capullos de un almendro en flor.

Su influencia era maravillosa. Podría haber sido un emperador, pero sus instintos eran democráticos, y gobernaba a sus leales súbditos con bondad y benigno paternalismo.

Siempre se sentía halagado por la marcada atención que le prestaban los hombres blancos, y nunca tanto como cuando se sentaba a sus mesas, y en tales ocasiones se manifestaba más que en cualquier otro lugar con los genuinos instintos de un caballero.

Cuando el gobernador Stevens llegó por primera vez a Seattle y le dijo a los nativos que había sido nombrado Comisionado de Asuntos Indígenas del territorio de Washington, le dieron una efusiva recepción frente a la oficina del doctor Maynard, cerca de la ribera sobre la calle principal. La bahía era un enjambre de canoas y en la playa había una fila de ondulante, contorneante, parda humanidad, hasta que la voz con tono de trompeta del viejo Cacique Seattle rodó sobre la inmensa multitud, como la sobrecogedora diana de un tambor grave, cuando el silencio se volvió instantáneo y perfecto, como el que sigue al bramido del trueno desde un cielo claro.

El gobernador fue entonces presentado a la multitud nativa por el doctor

Maynard, y de inmediato comenzó, con estilo conversador, llano y frontal, la explicación de su misión entre ellos, la cual es demasiado bien entendida como para requerir una capitulación.

Cuando él se sentó, el Cacique Seattle se levantó con toda la dignidad de un senador que lleva sobre sus hombros la responsabilidad de una gran nación. Colocando una mano por encima de la cabeza del gobernador y señalando lentamente hacia el cielo con el dedo índice de la otra, comenzó su memorable discurso con tonos solemnes e impresionantes.

"Que el cielo que lloró lágrimas de compasión sobre mi pueblo durante siglos mudos, y que para nosotros luce como inmodificable y eterno, pueda cambiar. Hoy el día está bueno. Puede ser que mañana aparezca cubierto con nubes.

Mis palabras son como las estrellas que nunca cambian. En lo que Seattle diga, puede fundarse el Gran Cacique, Washington[1], con tanta certeza como puede hacerlo en el retorno del sol o de las estaciones.

El jefe blanco nos dice que el Gran Cacique Washington nos envía saludos de amistad y buena voluntad. Esto es

---

1 En aquellos tiempos los indios pensaban que Washington vivía todavía. Conocían ese nombre como el del Presidente, y cuando oían hablar del Presidente en Washington tomaban el nombre de la ciudad por el nombre del jefe gobernante. También pensaban que el Rey Jorge III era todavía el monarca de Inglaterra, dado que los mercaderes de la Bahía de Hudson se llamaban a sí mismos "hombres del Rey Jorge". La compañía colonizadora era lo suficientemente astuta como para no aclarar esta inocente confusión, pues así los indígenas tenían por ellos más respeto que el merecido, de haber sabido que Inglaterra era comandada por una mujer. Algunos de nosotros lo sabíamos mejor. (H.A.S.)

gentil de su parte, pues sabemos que tiene poca necesidad de nuestra amistad a cambio. Mis gentes son pocas. Parecen árboles dispersos en una planicie barrida por la tormenta. El gran —y yo presumo— buen Cacique Blanco, nos manda decir que quiere comprar tierras nuestras pero que desea permitirnos la suficiente para que podamos vivir confortablemente. Sin duda, esto parece justo, y hasta generoso, pues el Hombre Piel Roja ya no tiene derechos que él necesite respetar, y la oferta podría ser sabia, también, pues ya no necesitamos un país tan extenso.

Hubo una época en la que nuestro pueblo cubría la tierra como las ondas con que un mar rizado por el viento cubre su fondo revestido de conchillas, pero esa época pasó hace mucho tiempo, y la grandeza de las tribus no pasa ahora de ser un recuerdo luctuoso. No ostentaré ni lamentaré nuestra prematura decadencia, ni haré reproches a mis hermanos carapálidas por acelerarla, pues también nos cabe a nosotros una parte de la culpa.

La juventud es impulsiva. Cuando nuestros jóvenes se enfurecieron por una injusticia real o imaginaria, y desfiguraron sus rostros con pintura negra, ello denotó que sus corazones son negros, que a menudo son crueles e implacables, y que nuestros ancianos y ancianas no son capaces de refrenarlos. Así ha sido siempre. Así ocurrió cuando el hombre blanco empezó a empujar a nuestros antecesores hacia el Oeste. Pero tengamos la esperanza de que las hostilidades entre nosotros jamás retornen. Tenemos todo para perder y nada para ganar.

Cierto es que la venganza, para nuestros bravos jóvenes, es considerada una victoria, aun al precio de sus propias vidas. Pero los ancianos que permanecen en sus casas en tiempos de guerra, y las ancianas, que tienen hijos para perder, saben mejor la cosa.

Nuestro gran padre, Washington, pues supongo que ahora es también nuestro padre así como lo es de vosotros, puesto que George ha mudado sus fronteras hacia el Norte, digo, nos manda decir por su hijo —quien, sin duda, es un gran jefe entre su gente— que si actuamos como él desea, va a protegernos. Sus bravíos ejércitos serán para nosotros un erizado muro de fortaleza, y sus grandes buques de guerra llenarán nuestros puertos para que nuestros antiguos enemigos del Norte, los Simsiams y los Hydas, no aterroricen más a nuestras mujeres y a nuestros mayores. Entonces, él será nuestro padre y nosotros seremos sus hijos.

¿Pero esto podrá acontecer? Vuestro

Dios ama a su pueblo y odia al mío. Envuelve amorosamente con sus poderosos brazos al hombre blanco y lo conduce así como un padre conduce a su hijo pequeño, pero se ha olvidado de sus hijos de piel roja. Cada día hace que su pueblo se vuelva más fuerte y muy pronto ellos llenarán la tierra, mientras la marea de mi gente retrocede a gran velocidad, y nunca refluirá de nuevo. El Dios del hombre blanco no puede amar a sus hijos pieles rojas, pues si no los protegería. Parecen ser como huérfanos y no tienen hacia dónde procurar auxilio. Entonces, ¿cómo es que podemos ser hermanos? ¿Cómo puede vuestro padre volverse nuestro padre y traernos prosperidad y estimular en nosotros sueños de una grandeza que regresa?

A nosotros, vuestro Dios nos parece parcial. El advino para el hombre blanco. Jamás Lo vimos: nunca siquiera escuchamos Su voz. El le dio leyes al hombre blanco pero no tuvo palabra alguna para sus hijos pieles rojas cuyos rebosantes millones llenaban este vasto continente así como las estrellas llenan el firmamento. No, somos dos razas diferentes y deberemos seguir así para siempre. Hay poco en común entre nosotros. Las cenizas de nuestros antepasados son sagradas y su lugar final de reposo es el suelo consagrado, mientras vosotros deambuláis lejos de las tumbas de vuestros padres, aparentemente sin lamentarlo.

Vuestra religión fue escrita sobre tabletas de piedra por el dedo de hierro de un Dios iracundo, y con miedo de que vosotros lo olvidéis, el hombre de piel roja no podrá nunca recordarlo ni comprenderlo.

Nuestra religión consiste en las tradiciones de nuestros antecesores y en el sueño de nuestros ancianos, dada a ellos por el gran Espíritu y las visiones de nuestros caciques, y está escrita en los corazones de nuestro pueblo.

Vuestros muertos dejan de amarles y de amar los hogares de su natalicio cuando traspasan los portales de la tumba. Deambulan lejos, más allá de las estrellas, pronto son olvidados, y jamás regresan. Nuestros muertos nunca olvidan el hermoso mundo que les dio su ser. Siguen amando sus ríos sinuosos, sus grandes montañas y sus valles apartados, y siempre añoran con tierno afecto a los vivientes de corazón solitario, y a menudo regresan para visitarlos y reconfortarlos.

El día y la noche no pueden morar juntos. El hombre de piel roja jamás rehuyó la proximidad del hombre blanco, mientras las cambiantes brumas de las laderas de las montañas se esfuman ante el ardiente sol de la mañana.

Sin embargo, vuestra propuesta me parece justa, y pienso que mi gente va a aceptarla y se retirará a la reservación que les ofrece, donde viviremos apartados y en paz, pues las palabras del Gran Jefe Blanco parecen ser la voz de la naturaleza hablándole a mi pueblo desde la espesa tiniebla que velozmente se acumula alrededor de ella como una densa neblina que flota tierra adentro desde el mar a medianoche.

Importa muy poquito dónde pasaremos el resto de nuestras vidas, porque ya no somos muchos.

La noche del Indio promete ser oscura. Ninguna estrella brillante asoma sobre el horizonte. Vientos de voz triste gimen a la distancia. Alguna fea Némesis (justicia o venganza) de nuestra raza se encuentra en la huella del piel roja, y donde quiera que vaya escuchará con seguridad cómo se aproximan los pasos de la fuerza destructora y se preparará para encontrarse con su perdición, así como el gamo herido oye que se acercan los pasos del cazador. Algunas pocas lunas más, algunos pocos inviernos más, y ninguno de todos los poderosos huéspedes que alguna vez llenaron esta inmensa tierra y que ahora vagan en bandadas fragmentarias por las vastas soledades permanecerá para llorar sobre las tumbas de un pueblo alguna vez tan poderoso y tan esperanzado como el vuestro.

¿Pero por qué deberíamos afligirnos? ¿Por qué debo yo murmurar sobre la suerte de mi pueblo? Las tribus están hechas de individuos y no son mejores de lo que ellos son. Los hombres vienen y van como las olas del mar. Una lágrima, una mortaja, un funeral, y se van de nuestros anhelantes ojos para siempre. Hasta el hombre blanco, cuyo Dios caminó y conversó con él, de amigo a amigo, no está eximido de este futuro común. Tal vez seamos hermanos, después de todo. Ya lo veremos.

Estudiaremos vuestra propuesta, y cuando tomemos una decisión, la comunicaremos. Pero en caso de que la aceptemos, aquí y ahora establezco esta primera condición: Que no se nos negará el privilegio, sin ser molestados, de visitar a voluntad las tumbas de nuestros antecesores y amigos. Cada porción de este país es sagrada para mi pueblo. Cada colina, cada valle, cada llanura y cada arboleda ha sido reverenciada por algún recuerdo afectuoso o por alguna experiencia triste de mi tribu.

Hasta las rocas que parecen yacer como idiotas mientras se achicharran bajo el sol a lo largo de las costas del mar con solemne grandeza, se estremecen con recuerdos de eventos pasados conectados con el destino de mi pueblo, y el mismísimo polvo bajo vuestros pies responde más amorosamente a nuestras pisadas que a las vuestras, porque son las cenizas de nuestros antepasados, y nuestros pies descalzos están conscientes del roce benévolo, pues el suelo está enriquecido con la vida de nuestros parientes.

Los difuntos guerreros, las afables madres, las muchachas de corazón alegre, y los niños que vivieron y se regocijaron aquí, y cuyos nombres propios ahora se olvidaron, todavía aman estas soledades, y su honda rapidez en el crepúsculo crece sombríamente con la presencia de espíritus morenos.

Y cuando el último piel roja haya sucumbido en la tierra y su memoria entre los hombres blancos se haya vuelto un mito, estas costas tendrán enjambres de los invisibles muertos de mi tribu, y cuando los hijos de vuestros hijos se crean solos en el campo, en la tienda, en los negocios, por los caminos o en el silencio de los bosques, no estarán solos. En ningún lugar de la tierra hay sitio alguno dedicado a la soledad. De noche, cuando las calles de vuestras ciudades y aldeas estén silenciosas, y piensen que están desiertas, se hallarán atestadas por huéspedes que regresan, los que alguna vez colmaron y todavía aman esta hermosa tierra. El hombre blanco jamás estará solo.

Dejemos que sea justo y trate bondadosamente a mi pueblo, pues los muertos no son impotentes.

¿Muertos, dije? No existe la muerte, se trata apenas de un cambio de mundos."

Siguieron otros disertantes, pero no tomé notas. La respuesta del gobernador Stevens fue breve. Simplemente se comprometió a reunirse con ellos en un consejo general en alguna ocasión futura para debatir el tratado propuesto. La promesa del Cacique Seattle de adherir al tratado, si se ratificaba alguno, fue observada al pie de la letra, pues siempre fue un amigo solícito y fiel del hombre blanco. Lo que antecede no es más que un fragmento de su alocución, y no posee todo el encanto dado por la gracia y la gentileza del veterano varón orador, y de la ocasión.

Dr. Henry A. Smith

Ritual indio en homenaje a los búfalos
muertos por los blancos

El Gran Cacique de Washington ordenó decirnos que quiere comprar tierras nuestras. El Gran Cacique nos envió también palabras amistosas y bienintencionadas. Apreciamos tanta cortesía pues sabemos que, en verdad, no le es necesaria nuestra amistad. Consideraremos su propuesta porque sabemos que, si no lo hacemos, el hombre blanco podría venir con sus armas de fuego y apoderarse de esas tierras.

El Gran Cacique de Washington puede confiar en lo que dice el Cacique Seattle con la misma certidumbre con que nuestros hermanos blancos confían en el regreso de las estaciones. Mis palabras tienen la inmutabilidad de las estrellas. ¿Cómo pueden comprarse o venderse el cielo o el calor de la tierra? La idea nos resulta extraña. Si no somos dueños de la frescura del aire o los destellos del agua, ¿cómo podría usted comprarlos?

Cada parte de esta tierra es sagrada para mi pueblo.

Cada aguja de pino resplandeciente, cada orilla arenosa, cada bruma de los bosques oscuros y cada insecto que zumba son sagrados en la memoria y la experiencia de mi pueblo. Conocemos la savia que fluye en los árboles así como conocemos la sangre que recorre nuestras venas: albergan la memoria del hombre de piel roja.

Los muertos del hombre blanco olvidan su tierra de nacimiento cuando parten para caminar entre las estrellas. Nuestros muertos nunca olvidan esta bella tierra, pues es la madre del hombre de piel roja.

Somos parte de la tierra y ella es parte de nosotros.

Las flores perfumadas son nuestras hermanas. El ciervo, el caballo, el águila enorme: estos son nuestros hermanos. Los picos rocosos, los zumos de las praderas, el cuerpo caliente del potrillo, y el hombre: todos pertenecen a la misma familia.

Así, cuando el Gran Cacique de Washington ordena decir que quiere comprar tierras nuestras, nos está pidiendo demasiado. El Gran Cacique dice que nos reservará un lugar en el que podremos vivir confortablemente con los nuestros. Será nuestro padre y seremos sus hijos.

Bien: consideremos su oferta de comprar nuestras tierras. No será sencillo, pues para nosotros esta tierra es sagrada.

El agua brillante que recorre los arroyos y los ríos no es apenas agua sino la sangre de nuestros antepasados. Si le vendemos la tierra, usted deberá recordar que es sagrada y enseñarle eso a sus niños, y que cada reflejo espectral en las aguas límpidas de los lagos cuenta acontecimientos y recuerdos de la vida de mi gente.

El murmullo de las aguas es la voz del padre de mi padre.

Los ríos son nuestros hermanos, aplacan nuestra sed. Los ríos transportan nuestras canoas, y alimentan a nuestros hijos. Si le vendemos nuestra tierra, deberá recordar y enseñarles a sus hijos que los ríos son nuestros hermanos y también los suyos y, por lo tanto, de ahí en adelante, deberán brindarles a los ríos la bondad que le brindarían a cualquier hermano.

Sabemos que el hombre blanco no

entiende nuestras costumbres. Para él, una porción de tierra le resulta igual que cualquier otra, pues es un forastero que llega de noche y toma de la tierra todo lo que necesita.

La tierra no es su hermano, sino su enemigo y, no bien la conquista, prosigue su camino. Deja atrás la tumba de su padre, y eso no le importa. Le arrebata la tierra a sus hijos, y eso no le importa. La tumba de su padre y el derecho de nacimiento de sus hijos son olvidados.

Trata a su madre, la tierra, y a su hermano, el cielo, como cosas que se compran, se explotan y se venden como ovejas o abalorios brillantes. Su apetito devorará la tierra y dejará atrás apenas un desierto.

No entiendo. Nuestras costumbres son distintas de las suyas. La vista de sus ciudades lastima los ojos del hombre de piel roja. Pero tal vez ello se deba a que el hombre de piel roja es un salvaje y no entiende nada.

En las ciudades del hombre blanco no hay ningún lugar sereno. Ningún lugar donde se escuche el despliegue de las hojas en primavera o el susurro de las alas de los insectos. Quizás eso sucede porque soy un salvaje y nada entiendo. Tal murmullo sólo parece insultar sus oídos. ¿Y qué le queda a la vida de un hombre si no puede oír el lloro solitario del chotacabras o la argumentación de las ranas en torno del estanque? Soy un hombre de piel roja y nada entiendo.

El indio prefiere el murmullo suave del viento que encrespa la superficie del lago y el aroma de ese mismo viento, purificado por la lluvia del mediodía, o perfumado por los piñones.

El aire es muy apreciado por el hombre de piel roja, porque todas las cosas comparten el mismo aliento: la bestia, el árbol, el hombre, todos compartimos el mismo aliento.

El hombre blanco no parece advertir el aire que respira. Como alguien que agoniza durante muchos días, se vuelve insensible al olor de la pestilencia. Pero si le vendemos nuestra tierra, deberá recordar que el aire es precioso para nosotros, que el aire comparte su espíritu con toda la vida que sustenta.

El viento que le dio a nuestro abuelo su primer aliento también recibe su último suspiro. Y si le vendemos nuestra tierra, deberá mantenerla intacta y sagrada como un lugar al que hasta el hombre blanco pueda llegar para saborear el viento endulzado por las flores de los prados.

Entonces, consideremos su oferta de comprar nuestra tierra. Si decidimos aceptarla, plantearé una condición: el hombre blanco deberá tratar como hermanos a los animales de esta tierra.

Soy un salvaje y no entiendo otra manera de comportarse. Vi millares de búfalos pudriéndose en la planicie, dejados ahí por el hombre blanco que los abatió desde un tren que pasaba. Soy un salvaje y no entiendo cómo el humeante caballo de hierro puede ser más importante que el búfalo que sacrificamos sólo para mantenernos vivos.

¿Qué es el hombre sin los animales? Si todos los animales desaparecieran, el hombre moriría de una inmensa soledad de espíritu. Porque todo lo que le sucede a los animales, velozmente le ocurre al hombre. Todas las cosas están conectadas.

Ustedes deberán enseñarles a sus hijos que el suelo bajo sus pies es la ceniza de nuestros abuelos. Para que respeten la tierra, díganles a sus hijos, cuéntenles que la tierra fue enriquecida con las vidas de nuestra especie.

Enseñen a sus hijos lo que les hemos enseñado a nuestros hijos: que la tierra es nuestra madre. Todo lo que afecta a la tierra afecta a los hijos de la tierra. Si los hombres escupen el suelo, se escupen a sí mismos.

Esto sabemos: la tierra no pertenece al hombre; el hombre pertenece a la tierra.

Esto sabemos: todas las cosas están ligadas como la sangre que unifica a una familia. Todas las cosas están empalmadas.

Lo que le pase a la tierra recaerá sobre los hijos de la tierra. El hombre no tejió la trama de la vida: es apenas una hebra de ella. Todo lo que le haga al tejido, se lo hará a sí mismo.

Hasta el hombre blanco, cuyo Dios se pasea y conversa con él de amigo a amigo, no puede quedar eximido del destino común.

Después de todo, tal vez seamos hermanos.

Habrá que verlo.

Sabemos algo, que tal vez el hombre blanco descubrirá algún día: que nuestro Dios es el mismo Dios. Ustedes pueden pensar que son sus dueños, así como quieren poseer nuestras tierras, pero no es así. El es el Dios del hombre, y Su compasión es idéntica con el hombre de piel roja y con el hombre blanco.

Esta tierra es preciosa para El, y dañarla es menospreciar a su Creador.

Los hombres blancos también pasarán, tal vez más rápido que las demás tribus. Contaminen sus camas, y una noche serán sofocados por sus propios desechos.

Pero cuando sucumban, ustedes brillarán intensamente, encendidos por la fortaleza del Dios que los trajo a esta tierra y por alguna razón especial les dio el dominio sobre ella y sobre el hombre de piel roja.

Tal destino es un misterio para nosotros, pues no entendemos que todos los búfalos sean masacrados, que todos los caballos sean domados, que los secretos rincones del bosque espeso se impregnen con el olor de muchos hombres, y que la vista de las colinas maduras esté oscurecida por alambres que hablan.

¿Dónde está la espesa arboleda?
Desapareció.
¿Dónde está el águila?
Desapareció.

Es el final de la vida y el comienzo del sobrevivir.

*E*ntre las naciones indígenas de Estados Unidos, "Hau de no sau nee" significa "pueblo que construye". Es el nombre apropiado del Pueblo de la Casa Larga: Mohawks, Oneidas, Onondagas, Cayugas, Senecas y Tuscarorus. Es decir, la Confederación de las Seis Naciones, o Iroqueses, que una vez fueron una comunidad poderosa que habitaba en el noroeste del continente norteamericano. Sus costumbres fueron siempre profundamente espirituales: su gobierno, su economía, todo lo que es "Hau de no sau nee" tiene hondas raíces espirituales. Su Gran Ley incluía muchas ideas que fueron absorbidas por la Constitución de EE.UU. Entre ellas, un sistema de verificaciones y equilibrios que impedían el encumbramiento de una jerarquía vertical, con sus inherentes conflictos de poder.

En setiembre de 1977, "Hau de no sau nee" presentó tres documentos a las Organizaciones No Gubernamentales de las Naciones Unidas reunidas en Ginebra, Suiza. Esas ONG habían solicitado testimonios sobre las condiciones de opresión sufridas por los pueblos Originales de las Américas. Los tres documentos resumían el punto de vista del Pueblo Natural del Planeta y sostenían: los seres humanos abusan los unos de los otros, abusan del globo en que viven, y abusan de sus propias personas individuales.

La destrucción del Mundo Natural y de sus pueblos sería el más claro indicador de la pobreza espiritual de la Humanidad. Esos Mensajes al Mundo Occidental identifican a la Civilización Occidental como un proceso que en sí abusa de lo humano y de la Naturaleza. La posición "Hau de no sau nee" se ofrece desde una perspectiva que ve a

*dicho pueblo con raíces históricas que
se remontan a decenas de miles de
años. No deja de tomar en cuenta que
especialistas y lectores casuales podrían
cuestionar el significado del testimonio
de un Pueblo Nativo Norteamericano en
la era de la Bomba Neutrónica, la pro-
liferación de usinas atómicas o una
guerra en los Balcanes. Por ello, resal-
tan un argumento para indicar lo
apropiado de su testimonio en este fin
del siglo: la mayoría de las religiones
profesadas en el mundo son de origen
bastante reciente. El Mahometismo tiene tal vez 1500 años, el Cristianismo
proclama una historia de 2000 años, y
el Judaísmo es quizás 2000 años más
antiguo que el Cristianismo. De ahí que
el Pueblo Nativo, dadas sus raíces históricas, exprese una especie de perspectiva
geológica, según la cual el hombre moderno es un bebé, que ocupa una simple pizca en el vasto espectro de la experiencia humana. En consecuencia, "Hau*

de no sau nee" ofrecería una visión del mundo moderno a través de los ojos del Pleistoceno. Lo que sigue es el primer análisis auténtico del mundo moderno que jamás haya sido escrito antes por representantes oficiales del Pueblo Na-tivo. Y resalta que la espiritualidad es la forma más elevada de la conciencia política.

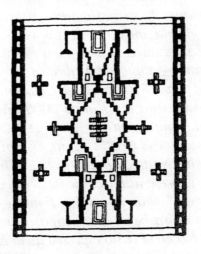

Hau de no sau nee

Hau de no sau nee o Confederación de las Seis Naciones Iroquesas, ha existido en esta tierra desde el comienzo de la memoria humana. Nuestra cultura está entre las más antiguas culturas de existencia continua en el mundo. Nosotros recordamos todavía los más antiguos hechos de los seres humanos. Recordamos las instrucciones originales de los Creadores de Vida en este lugar que llamamos Etenoha: Madre Tierra. Somos los guardianes espirituales de este lugar. Somos los **Ongwhehonwhe**: el Pueblo Genuino.

En el comienzo, nos fue dicho que los seres humanos que caminan sobre la Tierra han sido provistos con todas las cosas necesarias para la vida. Se nos instruyó para portar amor del uno al otro, y para demostrar un gran respeto por todos los seres de esta Tierra. Se nos mostró que nuestra vida existe con la vida arbórea, que nuestro bienestar depende del bienestar de la Vida Vegetal, que somos parientes cercanos de los seres de cuatro patas. En nuestras maneras, la consciencia espiritual es la forma política más elevada.

El nuestro es un Estilo de Vida. Creemos que todos los seres vivientes son seres espirituales. Los espíritus pueden ser expresados como formas de energía manifestadas en la materia. Una hoja de hierba es una forma de energía manifestada en materia: materia de hierba. El espíritu de la hierba es esa fuerza no visible que produce las especies de hierba, y se manifiesta a nosotros en la forma de hierba real.

Todas las cosas del mundo son reales, cosas materiales. La Creación es un verdadero fenómeno material, y la Creación se manifiesta a nosotros a través de la realidad. El universo espiritual, entonces, se manifiesta al Hombre como la Creación, la Creación que sustenta la vida. Creemos que el hombre es real, una parte de la Creación, y que su deber es sustentar la vida en conjunción con los demás seres. Por eso nos llamamos a nosotros mismos los **Ongwhehonwhe**: el Pueblo Genuino (o Real).

Las instrucciones originales indican que quienes caminamos por la Tierra tenemos que expresar gran respeto, afecto y gratitud hacia todos los espíritus que crean y sustentan la vida. Congratulamos y agradecemos a los muchos sustentadores de nuestras vidas: el maíz, los porotos, la calabaza, los vientos, el sol. Cuando la gente cesa de respetar y expresar gratitud hacia estas muchas cosas, entonces toda la vida es destruida, y la vida humana en este planeta llegará a su fin.

Nuestras raíces calan hondo en las tierras donde vivimos. Tenemos un gran amor por nuestro país, pues en él se encuentra nuestro lugar de nacimiento. El suelo es rico de los huesos de miles de los de nuestras generaciones. Cada uno de nosotros fue creado en tales tierras, y es nuestro deber cuidarlas mucho, porque de esas tierras brotarán las futuras generaciones de los **Ongwhe-honwhe**. Caminamos por ellas con gran respeto, porque la Tierra es un lugar muy sagrado.

No somos un pueblo que exige o le pide cosa alguna a los Creadores de Vida, sino que en cambio, saludamos y agradecemos que todas las fuerzas de la Vida estén todavía en acción. Comprendemos profundamente nuestra relación con todos los seres vivientes. Hasta este día, los territorios que todavía conservamos están llenos de árboles, animales y demás dones de la Creación. En tales lugares aún recibimos nuestro sustento de nuestra Madre Tierra.

Hemos visto que no toda la gente de la Tierra muestra el mismo tipo de respeto por este mundo y sus seres. El pueblo Indoeuropeo que ha colonizado nuestras tierras ha evidenciado muy poco respeto por las cosas que crean y sustentan la Vida. Pensamos que tal gente cesó su respeto por el mundo hace un larguísimo tiempo. Muchos miles de años atrás, todos los pueblos del mundo creían en el mismo Modo de Vida, el de la armonía con el universo. Todos ellos vivían de acuerdo con las Maneras Naturales.

Alrededor de diez mil años atrás,

gente que hablaba los idiomas indo-europeos vivía en un área que hoy conocemos como las Estepas de Rusia. En tal época, eran un pueblo del Mundo Natural que vivía de la tierra. Había desarrollado la agricultura y se dice que había iniciado la práctica de la domesticación de los animales. Se ignora que fue el primer pueblo del mundo que practicó la domesticación de los animales. Los cazadores y recolectores que erraban por el área probablemente adquirieron animales al pueblo agricultor, y adoptaron una economía basada en reunir y criar rebaños de animales.

El juntar y criar animales señaló una alteración básica de la relación de los humanos con otras formas de vida. Puso en movimiento una de las verdaderas revoluciones de la historia humana. Antes de los rebaños, los humanos dependían de la Naturaleza para los poderes reproductivos del mundo animal. Con el advenimiento de los rebaños, los humanos asumieron las funciones que a través de los tiempos habían sido funciones de los espíritus de los animales. Tiempo después de que eso sucedió, la historia registra la aparición inicial de la organizacion social conocida como "patriarcado".

El área entre los ríos Tigris y Eufrates fue la patria, en tiempos antiguos, de varios pueblos, muchos de los cuales hablaban lenguajes semíticos. Los pueblos Semitas estuvieron entre los primeros del mundo que desarrollaron una tecnología de la irrigación. Este avance condujo al surgimiento inicial de poblados, y finalmente de ciudades. La manipulación de las aguas, otra forma de vida espiritual, representó otro estilo en el cual los humanos desarrollaron una tecnología que reproducía funciones de la Naturaleza.

Dentro de esas culturas, se cristalizó una organización social estratificada jerárquicamente. Las civilizaciones antiguas dieron nacimiento al imperialismo, en parte debido a la propia naturaleza de las ciudades. Obviamente, las ciudades son concentraciones de población. Más importante todavía: son lugares que deben importar desde el campo las necesidades materiales de dicha concentración. Esto significa que el Mundo Natural debe ser subyugado, exprimido y explotado según el interés de la ciudad. Para ordenar este proceso, el mundo Semítico desarrolló tempranos códigos de ley. También desarrollaron una idea del monoteísmo que sirviera como modelo espiritual para su organización material y política.

Gran parte de la historia del mundo antiguo relata las luchas entre los pueblos Indoeuropeos y Semíticos. Durante un período de varios milenios, las dos culturas se influyeron y combinaron. En el siglo 2 a.C. algunos Indoeuropeos, más específicamente los Griegos, habían adoptado la práctica de edificar ciudades, involucrándose así en el proceso que denominaron "Civilización".

Ambas culturas desarrollaron tecnologías afines a tales civilizaciones. Los pueblos Semíticos inventaron marmitas que permitieron la creación de alfarería para el comercio y el acopio de excedentes. Esas marmitas primitivas se convirtieron en hornos que podían generar calor suficiente para fundir metales, notablemente cobre, estaño y bronce. Los Indoeuropeos encontraron la manera de fundir el hierro.

Roma fue heredera de estas dos culturas, y se convirtió en el ámbito donde sucede el engarce final. Roma es también el auténtico lugar de nacimiento del Cristianismo. El proceso que ha venido a ser la cultura de Occidente es histórica y lingüísticamente una cultura Semítico/Indoeuropea, pero ha sido comúnmente definido como tradición Judeo-Cristiana.

El Cristianismo fue un elemento absolutamente esencial del desarrollo inicial de este tipo de tecnología. El Cristianismo preconizaba un solo Dios. Era una religión que se imponía a sí misma exclusivamente sobre todos los demás credos. El pueblo local de los bosques europeos era un pueblo que creía en los espíritus de los bosques, las aguas, las colinas y la tierra; el Cristianismo atacó tales creencias, y efectivamente desespiritualizó al mundo Europeo. Los pueblos cristianos, que poseían armamentos superiores y necesidad de expansión, pudieron someter militarmente a los pueblos tribales de Europa.

La disponibilidad del hierro facilitó la producción de herramientas que permitían talar el bosque, fuente de carbón de leña para hacer aún más herramientas. A las nuevas tierras, despejadas de árboles, se las trabajó con el flamante arado de hierro que fue —por primera vez— tirado por caballos. Con semejante tecnología mucho menos gente podía trabajar mayor cantidad de tierra y, efectivamente, innúmeros hombres fueron desplazados convirtiéndose en soldados o campesinos sin tierra. El surgimiento de esa tecnología dio paso a la Edad Feudal e hizo posible, finalmente, la aparición de nuevas ciudades y un comercio expansivo. También marcó el principio del fin del bosque europeo, aunque para que dicho proceso se completara, fue necesario mucho tiempo.

La edificación de ciudades y el surgimiento concomitante del Estado Europeo, crearon una arremetida de expansión y búsqueda de mercados que condujeron a hombres, tales como Colón, a desplegar las velas a través del Atlántico. El desarrollo de los navíos de velamen y las tecnologías de navegación volvieron inevitable el "descubrimiento" de las Américas.

Las Américas proporcionaron a los europeos una vasta área nueva para la expansión y explotación material. Inicialmente, las Américas suministraron materiales nuevos y hasta materiales terminados para la economía mundial en desarrollo que se fundaba en las tecnologías Indoeuropeas. La Civilización Europea tiene una historia de apogeos y decadencias según que las tecnologías vayan alcanzando sus límites materiales y culturales. El finito mundo Natural ha proporcionado siempre una especie de contradicción intrínseca ante la expansión Occidental.

Los Indoeuropeos atacaron cada aspecto de Norteamérica, con saña sin parangón. Los pueblos Nativos fueron destruidos despiadadamente porque eran un elemento inasimilable para las civilizaciones de Occidente. Los bosques proporcionaban materiales para buques más grandes, la tierra era fresca y fértil para los excedentes agrícolas, y algunas áreas proveían fuentes de mano de obra esclava para los conquistadores invasores. A la hora de la Revolución Industrial, a mediados del siglo XIX, Norteamérica ya era líder en el área del desarrollo de las tecnologías extractoras.

Los bosques de maderas duras del noroeste no fueron abatidos con la finalidad de proveer tierras agrícolas. Aquellos bosques fueron destruidos para crear carbón de leña para las fraguas de los fundidores de hierro y los herreros. Hacia 1890, Occidente se había volcado al carbón, un combustible fósil, a fin de abastecer la energía necesaria para las muchas formas de maquinaria que habían sido inventadas. Durante la primera mitad del siglo XX, el petróleo reemplazó al carbón como fuente de energía.

La cultura Occidental ha sido horriblemente explotadora y destructora del Mundo Natural. Más de 140 especies de aves y animales han sido totalmente destruidas desde la llegada Europea a las Américas, en su mayor parte porque a los ojos de los invasores eran inutilizables. Los bosques fueron aplanados, las aguas contaminadas, los pueblos Nativos sometidos al genocidio. Las vastas manadas de herbívoros quedaron reducidas a meros puñados, el búfalo casi quedó extinguido. La tecnología Occidental y la gente que la ha empleado han constituido las fuerzas pasmosamente más destructivas de la historia humana. Ningún desastre natural ha destruido en tamaña magnitud. Ni siquiera la Edad Glacial tuvo tantas víctimas.

Pero así como los bosques de maderas duras, los combustibles fósiles también son recursos finitos. A medida que avanzó la segunda mitad del siglo XX, la gente de Occidente pasó a buscar otras fuentes de energía que alimentaran el avance tecnológico. Sus ojos se posaron en la energía atómica, una forma de producción energética cuyos subproductos son las sustancias más ponzoñosas que el hombre haya jamás conocido.

Hoy, el Hombre enfrenta la cuestión de la sobrevivencia de la propia especie. El estilo de vida conocido como Civilización Occidental está en una senda mortal para la que su propia cultura carece de respuestas viables. Cuando se enfrenta con la realidad de su propia destructividad, sólo atina a avanzar hacia terrenos más eficientes de destrucción. La aparición del Plutonio en este planeta es la más clara señal de que nuestra especie está en dificultades. Es una señal que muchos Occidentales han elegido ignorar.

El aire está podrido, las aguas están envenenadas, los árboles se mueren, los animales están desapareciendo. Pensamos que hasta los sistemas climáticos se están modificando. Nuestras enseñanzas antiguas nos advirtieron que si el Hombre interfería en las leyes Naturales, tales cosas iban a suceder. Cuando el último Estilo Natural de Vida se haya ido, toda la expectativa de sobrevivencia humana se habrá ido con él. Y nuestro Estilo de Vida desaparece velozmente, víctima de procesos destructivos.

Otros documentos de **Hau de no sau nee** han delineado nuestro análisis de la opresión legal y económica. Pero nuestro mensaje esencial al mundo es un llamado básico a la consciencia. La destrucción de las culturas y de los pueblos Nativos es el mismo proceso que ha destruido y está destruyendo la vida en este planeta. Las tecnologías y los sistemas sociales que han arrasado la vida de los animales y de las plantas, también están aniquilando a los pueblos Nativos. Ese proceso es la Civilización Occidental.

Sabemos que existe mucha gente en el mundo que puede discernir rápidamente la intención de nuestro mensaje. Pero la experiencia nos ha enseñado que son muy pocos los que desean buscar un método para determinar cualquier cambio real. Si es que va a existir un futuro para todos los seres de este planeta, tenemos que comenzar a buscar las avenidas del cambio.

Los procesos de colonialismo e imperialismo que afectaron al **Hau de no sau nee** son apenas un microcosmos de los procesos que afectan al mundo. El sistema de reservaciones empleado contra nuestro pueblo es un microcosmos del sistema de explotación utilizado contra el mundo entero. Desde los tiempos de Marco Polo, Occidente ha estado refinando un proceso que ha mixtificado a los pueblos de la Tierra.

La mayoría del mundo no halla sus raíces en la cultura o las tradiciones Occidentales. Esa mayoría tiene sus raíces en el Mundo Natural y es el Mundo Natural y son las tradiciones del Mundo Natural las que deben prevalecer si es que vamos a desenvolver sociedades verdaderamente libres y equitativas.

Resulta necesario, a esta hora, que iniciemos una dinámica de análisis crítico de los procesos históricos de Occidente, para exponer la naturaleza real de las raíces de las condiciones explotadoras y opresivas que fuerzan a la Humanidad. Al mismo tiempo, mientras obtenemos la comprensión de estos procesos, debemos reinterpretar dicha historia para los pueblos del mundo. En última instancia, el pueblo más oprimido y explotado es el pueblo de Occidente. Carga el peso de siglos de racismo, sexismo e ignorancia que han vuelto insensibles a sus gentes a la verdadera naturaleza de sus vidas.

Tenemos que desafiar consciente y continuadamente cada modelo, cada programa y cada proceso que Occidente trata de imponernos. En su libro *Pedagogía del Oprimido*, Paulo Freire escribió que imitar al opresor es una característica del oprimido, para obtener a través de tal acción un alivio a la condición opresiva. Debemos aprender a resistir tal respuesta a la opresión.

La gente que vive en este planeta precisa quebrar el estrecho concepto de liberación humana, y comenzar a ver la liberación como algo que es menester expandir a la integridad del Mundo Natural. Lo que se necesita es la liberación de todas las cosas que sostienen la vida —el aire, el agua, los árboles— todas las cosas que sostienen la sagrada trama de la Vida.

Sentimos que los pueblos Nativos del Hemisferio Occidental pueden seguir contribuyendo a la sobrevivencia potencial de la especie humana. La mayoría de nuestra gente todavía vive de acuerdo con las tradiciones que hunden sus raíces en la Madre Tierra. Pero los pueblos Nativos tienen necesidad de un foro donde nuestra voz pueda ser escuchada. Y precisamos alianzas con otros pueblos del mundo que nos asistan en nuestra pugna para recuperar y mantener nuestras tierras ancestrales, y para proteger el Modo de Vida que seguimos.

Sabemos que es una labor muy dificultosa. Muchas naciones-estado pueden verse amenazadas por la posición que representan la protección y liberación de los pueblos y las culturas del Mundo Natural, una orientación transformadora que debe ser integrada por las estrategias políticas del pueblo que busque defender la dignidad del Hombre. Pero tal posición está creciendo en fortaleza, y representa una estrategia necesaria en la evolución de un pensamiento transformador.

Los pueblos Nativos tradicionales tienen la clave para revertir los procesos que en la Civilización Occidental prometen un inimaginable futuro de sufrimiento y destrucción. La espiritualidad es la forma más elevada de la consciencia política. Y nosotros, los pueblos

Nativos del Hemisferio Occidental, estamos entre los portadores sobrevivientes de tal tipo de consciencia en el mundo. Aquí estamos para impartir ese mensaje.

"**G**ran Padre, Gran Espíritu, otra vez susténtame sobre la tierra y reclínate para escuchar mi endeble voz. Viviste primero, eres más antiguo que toda necesidad, más viejo que toda plegaria. Todas las cosas te pertenecen: los bípedos, los cuadrúpedos, las alas del aire, y todo lo verde que late.

Estableciste los poderes de los cuatro ángulos de la tierra para que se entrecrucen. Me hiciste recorrer el buen camino y el camino de las dificultades, y donde se cruzan, el lugar es bendito. El día va, el día viene, para siempre, eres la vida de las cosas.

¡Oye! Inclínate para oír mi tenue voz.
En el centro del círculo sagrado
Has dicho que debo hacer que los árbo-
les florezcan.
Con lágrimas corriendo, Oh Gran Espíritu,
Oh Gran Padre.

Con lágrimas corriendo debo decir
Que el árbol jamás ha florecido.
Aquí estoy de pie, y el árbol luce marchito.
De nuevo, evoco la gran visión que me diste.
Puede ser que una pequeña raíz de árbol
sagrado siga viva.
¡Nútrela entonces
Para que pueda soltar hojas
Y florecer
Y llenarse con pájaros cantores!

Escúchame, que el pueblo pueda de nuevo
Encontrar el buen camino
Y el árbol protector."

Black Elk (Alce Negro) Hombre Santo de
los Sioux Oglala (1863-1950)

"He venido aquí, a la Audiencia Pública de la Comisión Mundial sobre Medio Ambiente y Desarrollo, en mi calidad de hijo de una pequeña nación, la nación de los indios krenak. Vivimos en el valle del Río Dulce, que constituye la frontera de Espíritu Santo con el estado de Minas Gerais. Somos un micropaís, una micronación.

Cuando el gobierno se apropió de nuestras tierras en el valle del Río Dulce, quiso ofrecernos otro lugar donde vivir. Pero ni el Estado ni el gobierno comprenderán jamás que no tenemos ningún otro lugar a donde ir.

El único lugar donde el pueblo krenak puede vivir y restablecer su existencia, comunicarse con sus dioses, comunicarse con su naturaleza, vivir su vida, es donde nuestro Dios nos ha creado. Es inútil que el gobierno nos traslade a un lugar muy hermoso, a un lugar donde abunde la caza y la pesca. La población krenak continuará muriéndose e insistiendo en que no hay otro lugar para nosotros donde vivir.

Mi corazón se entristece al ver la incapacidad de la humanidad. No me es grato venir aquí a la ciudad de San Pablo y hacer estas declaraciones. No podemos continuar contemplando el planeta en el cual vivimos como si fuese un tablero de ajedrez donde las personas mueven las cosas de un lado a otro. No podemos considerar el planeta como algo aislado del cosmos.

No somos idiotas por creer que no existe para nosotros la posibilidad de vivir fuera de nuestro lugar de origen. Respeten el lugar donde vivimos, no degraden nuestras condiciones de vida, respeten esa vida. No tenemos armas para presionarlos, la única cosa que tenemos es el derecho de proclamar nuestra dignidad y la necesidad de vivir en nuestras tierras."

Ailton Krenak* Coordinador de la Unión de Naciones Indias del Brasil, 29 de octubre de 1985

---

* "Pajé": Jefe espiritual, mezcla de sacerdote, profeta y médico-hechicero.

Nos estamos esfumando de la tierra, pero no puedo pensar que sea por inservibles, pues Usen (Dios) no nos habría creado entonces... Por cada tribu que Usen creó, también hizo un hogar. En la tierra creada para una tribu particular colocó lo que fuera mejor para el bienestar de esa tribu... Así fue desde el comienzo: los Apaches y sus hogares creados por el propio Usen. Cuando se les arrebatan esos hogares, ellos se enferman y mueren. ¿Cuánto tiempo pasará hasta que se diga que ya no quedan Apaches?

Gerónimo (Goyathlay) *Líder Apache Chiricahua*

Al rendirse en 1877, Gerónimo y su pueblo fueron tomados como prisioneros de guerra y confinados en Fuerte Sill, Oklahoma. Tras la capitulación final, se los exilió en la Florida.

●

Nosotros no les pedimos, hombres blancos, que vinieran aquí. El Gran Espíritu nos dio este país como hogar. Ustedes tenían el suyo. No interferimos en sus asuntos. El Gran Espíritu nos dio suficiente tierra en la cual vivir, y bisontes, ciervos, antílopes y otros animales de caza. Pero llegaron ustedes: me están arrebatando mi tierra, están aniquilando nuestra caza, de modo que nos resulta difícil vivir. Y ahora bien: nos dicen que trabajemos para vivir, pero el Gran Espíritu no nos hizo trabajar, sino vivir de la caza. Ustedes, hombres blancos, pueden trabajar si desean hacerlo. No lo impedimos. Y de nuevo nos dicen: ¿por qué no se vuelven civilizados? ¡No queremos su civilización! Viviremos como lo hicieron nuestros padres, y sus padres antes que ellos.

Crazy Horse (Caballo Loco) *Sioux Oglala*

Caballo Loco fue un cacique forzado a rendirse en la primavera de 1877. Se lo arrestó en setiembre del mismo año, y murió, herido por un guardia Sioux, en Fuerte Robinson, Nebraska.

●

Cada año, nuestros intrusos blancos se vuelven más voraces, exigentes, opresores y arrogantes... Privaciones y opresión es lo que nos queda... ¿No estamos siendo privados día a día de lo poco que sobró de nuestra antigua libertad? A menos que cada tribu unánimemente decida decirle basta a la ambición y la codicia de los blancos, ellos en breve nos habrán vencido y desunido, y seremos barridos de nuestra tierra natal y dispersados como las hojas de otoño en el viento... ¿Dónde están los Pequot? ¿Dónde están los Narragansetts, los Mohawks, los Pokanoket, y muchas tribus de nuestros pueblos antaño poderosos? Se esfumaron bajo la avaricia y la opresión del hombre blanco, como la nieve bajo el sol del verano.

Shooting Star (Tecumseh) *Cacique Shawnee (1812)*

Nosotros no creíamos que las praderas infinitas, las hermosas cumbres y los susurrantes arroyos rodeados de enmarañada maleza fueran "salvajes". Solamente el hombre blanco creía en la "naturaleza salvaje", y solamente él creía que la tierra estaba llena de animales "salvajes". Para nosotros, la naturaleza estaba domesticada. La tierra era pródiga y nos rodeaban las bendiciones del Gran Misterio. Hasta que llegó el hombre hirsuto del Este y empezó a infligirnos con frenética brutalidad —a nosotros y a nuestros seres queridos— injusticia tras injusticia, la tierra nunca fue "salvaje" para nosotros. Cuando los animales del bosque comenzaron a huir del hombre blanco, fue cuando empezó para nosotros el "Salvaje Oeste"... Los ancianos Lakota eran sabios. Sabían que apartado de la naturaleza, el corazón del hombre se endurece. Sabían que la falta de respeto hacia las cosas vivientes que crecen, lleva también a una falta de res-

CACIQUE SEATTLE Y OTROS

peto hacia los humanos. Así que mantuvieron a sus jóvenes apartados de esa socavante influencia.

Luther Standing Bear (Oso Erguido)
Sioux Oglala

84

Todos los seres vivos y todas las plantas deben su vida al sol. Si no hubiera sol, habría oscuridad y nada crecería: la tierra quedaría sin vida. Entretanto, el sol precisa la ayuda de la tierra. Si el sol sólo influyera en los animales y las plantas, el calor sería tan grande que morirían. Pero existen las nubes que traen la lluvia, y la acción combinada del sol y la tierra proporciona la humedad necesaria para la vida. Las raíces de las plantas se profundizan, y cuanto más hondo van, más humedad encuentran. Esto obedece a las leyes de la naturaleza y demuestra la sabiduría de Wakan Tanka. Las plantas fueron creadas por Wakan Tanka y cumplen sus órdenes, quedando por encima las partes que dependen del sol y la lluvia, y por debajo las raíces que buscan la humedad necesaria. Wakan Tanka les enseñó a los animales y a las plantas lo que deben hacer. Les enseñó a los pájaros a hacer nidos, si bien no todos los nidos son iguales. Wakan Tanka les dio apenas un modelo. Algunos hacen el nido mejor que otros. Del mismo modo hay animales que se contentan con moradas rudimentarias, mientras que otros construyen lugares atractivos para vivir. Algunos animales también cuidan mejor de su prole que otros. El bosque es la casa de muchos pájaros y de otros animales, el agua es la casa de los peces y los reptiles. Los pájaros, inclusive los de la misma especie, no son iguales, y eso ocurre también con los animales y los seres humanos. El motivo por el cual Wakan Tanka no hizo dos pájaros, animales o seres humanos exactamente iguales es que cada cual fue criado para ser una individualidad independiente y para contar consigo mismo. Algunos animales viven en el suelo. Las piedras y los minerales también fueron puestos en el suelo por Wakan Tanka, unos más expuestos que otros. Cuando un hechicero dice que conversa con las piedras sagradas es porque, de todas las sustancias del suelo, son las únicas que aparecen frecuentemente en sueños y son capaces de comunicarse con los hombres.

Desde mi niñez vengo observando las hojas, los árboles y las hierbas, y nunca encontré dos iguales. Pueden tener una semejanza general, pero en un examen más minucioso se descubren diminutas diferencias. Las plantas pertenecen a diferentes familias... Lo mismo ocurre con los animales... y con los hombres. Hay un lugar que se adapta mejor para cada uno. Las semillas de las plantas son llevadas por el viento hasta hallar un lugar donde crecerán mejor, donde la acción del sol y la presencia de la humedad son más favorables, pudiendo así esas semillas enraizarse y desarrollarse. Todos los seres vivos y las plantas sirven para alguna cosa. Ciertos animales realizan sus propósitos a través de actos definidos. Los cuervos, los halcones y las moscas poseen algo de semejante en su finalidad, y hasta las víboras tienen una razón para existir. En el pasado, los animales probablemente vagaban por una tierra más vasta hasta encontrar un lugar adecuado. Un animal depende en gran parte de las condiciones naturales en que vive. Si el búfalo estuviese hoy aquí, sería diferente del búfalo de antaño, porque las condiciones naturales se modificaron. No encontraría la misma comida ni el mismo ambiente. Vemos el cambio en nuestros ponies. Antiguamente podían soportar grandes fatigas y viajes de largo aliento, sin agua. Comían cierto tipo de alimento y bebían agua pura. Ahora nuestros caballos necesitan alimentos mezclados, tienen menos resistencia y exigen constante cuidado. Lo mismo pasa con los indios: son menos libres y víctimas fáciles de las enfermedades. Antiguamente, eran robustos y saludables, bebían agua pura y comían carne de búfalo, que había en abundancia, antes de que los rebaños comenzaran a ser diezmados. Las aguas del Misurí ya no son más puras como eran y muchos de los riachos ya no sirven para beber.

El hombre debería desear lo genuino y no lo artificial. En el pasado no existía esa mezcla de sustancias minerales para fabricar pinturas. Había apenas tres colores de sustancias nativas: rojo, blanco y negro. Ellas podían ser obtenidas sólo en ciertos lugares. Cuando deseaban otros colores, los indios mezclaban extractos de plantas, pero se sabía que esos colores se apagaban y sólo se conservaban si el rojo era genuino: rojo hecho con arcilla quemada.

Okute (El Tirador) *Sioux Teton (1911)*

Agradecemos a nuestra madre, la tierra, que nos sustenta. Agradecemos a los ríos y a los riachos que nos abastecen con agua. Agradecemos a todas las plantas que nos proporcionan los remedios contra nuestras enfermedades. Agradecemos al maíz y a sus hermanas las habas y las calabazas, que nos dan vida. Agradecemos a los arbustos y a los árboles que nos brindan sus frutos. Agradecemos al viento que mueve el aire y captura las enfermedades. Agradecemos a la luna y a las estrellas que nos alumbran cuando el sol se marcha. Agradecemos a nuestro abuelo Hé-No por haber protegido a sus hijos de las brujas y los reptiles, y por habernos traído su lluvia. Agradecemos al sol, que ha mirado a la tierra con mirada benigna. Finalmente, agradecemos al Gran Espíritu, en quien se encarna toda la benevolencia y que guía todas las cosas para el bien de sus hijos.

Iroqueses

Ahora soy un oscuro miembro de una nación que antaño honraba y respetaba mis opiniones. El sendero hacia la gloria es duro y muchas horas tenebrosas lo oscurecen. Que el Gran Espíritu arroje luz al suyo y que usted jamás experimente la humillación a que el poderío del gobierno de Estados Unidos me ha reducido, es el deseo de uno que, en sus bosques nativos, era una vez tan osado y tan bravío como usted... Siempre tuvimos mucho, nuestros niños jamás lloraron de hambre y nuestro pueblo nunca pasó necesidades... Las corrientes del río Rock nos daban peces de excelente calidad y en abundancia, y la tierra fértil jamás dejó de producir buenas cosechas de maíz, habas y calabazas... Nuestra aldea se mantuvo más de cien años, durante los cuales fuimos los dueños incuestionables del valle del Misisipí... Nuestra aldea era saludable y no había lugar del país que tuviese esas ventajas, ni lugares de caza mejores que los nuestros. Si un profeta hubiera llegado a nuestra aldea para decirnos que las cosas sucederían como sucedieron, nadie le habría prestado oídos.

Black Hawk (Halcón Negro) *Cacique Sauk y Fox*

De la dedicatoria de su autobiografía al General H. Atkinson, comandante del ejército que lo derrotó en batalla en 1833.

Díganle al General Howard que lo comprendo. Lo que él me dijo antes, lo traigo ahora en el corazón. Estoy cansado de combatir. Nuestros jefes están muertos. Espejo Brillante está muerto. Son los jóvenes quienes dicen sí o no. Quien comandaba a los jóvenes (Ollokot, hermano de Joseph) está muerto. Hace frío y carecemos de mantas. Los niños mueren congelados. Algunos de los de mi pueblo huyeron a las montañas, no tienen mantas ni comida; nadie sabe dónde están, tal vez se mueren de frío. Quiero tener tiempo de buscar a mis hijos y ver cuántos consigo encontrar. Tal vez ya los encuentre entre los muertos. ¡Escuchen, jefes míos! Estoy cansado; mi corazón está enfermo y triste. Desde donde ahora el sol se levanta, nunca más volveré a luchar.

Joseph (Trueno Rugiente de las Montañas) *Cacique Nez Perce*

Perseguidos por las fuerzas estadounidenses del general Nelson Miles, el Jefe Joseph y sus guerreros fueron cercados y obligados a rendirse el 5 de octubre de 1877. Se los concentró en territorio indígena, donde cinco de sus hijos y muchos miembros de la tribu murieron de enfermedades.

•

Apreté la mano de muchos amigos, pero nadie supo explicarme una cosa. ¿Cómo es que el gobierno manda un hombre a combatirnos, como hizo con el general Miles, y después no cumple su palabra? Con un gobierno así hay algo errado... No comprendo por qué no se hace nada por mi pueblo. He oído mucho palabrerío, pero nada concreto. Las palabras bellas son inútiles cuando no llevan a parte alguna. Las palabras bellas no nos devuelven a los muertos, no nos devuelven la tierra, hoy ocupada por los blancos. No nos devuelven nuestros caballos y ganado, ni protegen las sepulturas de nuestros padres.

Bellas palabras no traen de regreso a mis hijos. Bellas palabras no hacen cumplir las promesas de vuestro jefe guerrero, el general Miles. Bellas palabras no van a devolver la salud ni impedir que mi pueblo siga muriendo. Bellas palabras no nos darán un lugar donde vivir en paz. Estoy cansado de conversaciones que no llevan a nada. Mi corazón padece sólo de recordar las bellas palabras y las promesas que ya escuché. He escuchado conversaciones de gente que no tenía el derecho de hablar. Ha habido muchas interpretaciones erradas, muchos malentendidos entre blanco e indios.

Si el blanco quiere vivir en paz con el indio, es simple, no hay problema: basta que todos los hombres sean tratados igualitariamente. Que la misma ley se aplique a todos. Que todos tengan la misma oportunidad de vivir y crecer... Así como los ríos no vuelven hacia atrás, no se puede esperar que un hombre que nació libre se contente con vivir confinado y sin libertad de ir a donde quiera. Si atan un caballo a un poste, ¿esperan que engorde y crezca? Si confinan a un indio en un pequeño pedazo de tierra y lo fuerzan a permanecer ahí, él no se conformará y no va a crecer ni prosperar.

Le pregunté a algunos Grandes Jefes Blancos en qué se fundamentaban para decir que el indio debería permanecer en un único lugar, cuando los blancos pueden ir a donde quieran. No supieron responderme.

Apenas le pido al gobierno ser tratado como todos los demás hombres. Si no puedo retornar a mi propia tierra, déjenme vivir en un lugar donde mi pueblo no se muera tan de prisa... Sé que mi raza tendrá que cambiar. No podemos seguir siendo como éramos, viviendo con los blancos. Apenas pedimos una oportunidad para vivir como viven los demás. Queremos ser reconocidos como hombres. Pedimos que la misma ley valga para todos. Si un indio infringe la ley, será castigado. Si un blanco infringe la ley, que sea castigado también.

Déjenme ser un hombre libre. Libre para viajar, para elegir dónde quedarme, para trabajar, para negociar con quien quiera, para elegir mis maestros, libre para seguir la religión de mis padres, hablar y actuar por mí mismo; y seré obediente de la ley, o me someteré a sus penalidades.

Jefe Joseph

El 14 de enero de 1879, el cacique de los Nez Perce habló ante una asamblea de ministros de gobierno y parlamentarios. Le pedía al presidente Hayes que permitiese a su tribu el regreso a sus tierras originarias en el noroeste, pues el exilio estaba diezmándolos. Este discurso logró el retorno de un grupo de mujeres y niños, pero el líder indígena vivió hasta sus últimos días en una reserva del estado de Washington.

Si un hombre lo pierde todo y regresa para buscarlo cuidadosamente, lo encuentra, y esto es lo que los indios están haciendo ahora cuando reclaman las cosas que les prometieron en el pasado. Y no considero que deban ser tratados como bestias, y tal es el motivo por el cual he crecido con los sentimientos que tengo... No quiero estar encerrado en un corral. Es malo que los jóvenes sean alimentados por un agente. Eso los hace perezosos y borrachos. Todos los indios sujetos a Agencias que he visto, no valen nada. No son guerreros pieles rojas ni hacendados blancos.

Sitting Bull (Toro Sentado) *Cacique Sioux Hunkpapa*

Toro Sentado llevó a 800 de sus hombres a Canadá. Cuando los gamos comenzaron a escasear en las planicies canadienses, cientos de Lakotas cruzaron de nuevo hacia EE.UU. Con menos de

200 sobrevivientes de los suyos, Toro Sentado se rindió a las autoridades en Fuerte Buford, territorio de Dakota, el 20 de julio de 1881. Mantenido como prisionero de guerra durante dos años, volvió con su gente a la Reserva de Standing Rock, en 1883. Con el auge de la religión de la Danza Fantasma, había temor de que incitara a su pueblo a la rebelión, de modo que varios agentes indígenas fueron enviados para apresarlo. Proclamando que había tratado de fugarse, lo mataron a tiros el 15 de diciembre de 1890. Su pueblo se dispersó y varios huyeron de la Reserva. Big Foot (Pie Grande) y su banda de 350 Lakotas Miniconjou fueron rodeados por soldados del 7º de Caballería y el 29 de diciembre de 1890, unos 200 fueron muertos en lo que hoy se conoce como la masacre de Wounded Knee.

●

En una oportunidad, mi abuelo, Jefe Cuchillo, me narró una historia de la época en que el gran Cacique Caballo Loco fue en procura de una visión a Bear Butte, en las Sierras Negras. Cuando Caballo Loco regresó, dijo que había sabido que un día habría guerras espantosas en todo el mundo. Caballo Loco describió fielmente la forma física del mundo y explicó por dónde sale el sol, cómo se pone y sale luego nuevamente. Por lo tanto, debía saber que la Tierra era redonda. Y dijo que un día habría batallas y fuegos por todo el mundo. Que el pueblo sufriría y nuestras mujeres llorarían. Que en todas partes los hombres serían brutales con las mujeres. Pero que al final, Dios vendría a la Tierra para juzgarla.

Fools Crow *Sioux Teton*

SEMILLAS AL VIENTO

Un grupo de indígenas jóvenes, en noviembre de 1969, capturó la isla de Alcatraz, antiguo presidio californiano desactivado y vigilado solamente por algunos guardias. Los guerreros repudiaron todas las órdenes gubernamentales para deponer su actitud, y en junio de 1971 se los erradicó por la fuerza. El texto siguiente explica los fundamentos de esa acción directa.

Nosotros, americanos nativos, reivindicamos la tierra conocida como Isla de Alcatraz, en nombre de todos los indios norteamericanos, por derecho de descubrimiento.

Deseamos ser justos y honrados en nuestras transacciones con los habitantes caucasianos de esta tierra, y por ello proponemos el siguiente acuerdo:

Adquiriremos la Isla de Alcatraz por 24 dólares, en cuentas de vidrio y ropas indígenas, los mismos objetos con que el hombre blanco adquirió una isla semejante hace trescientos años. Sabemos que los artículos comerciales, por 16 acres de tierra, superan lo que se pagó a los indios por la Isla de Manhattan, pero aprendimos que el valor de la tierra crece con los años. Nuestra oferta de 1,24 dólar por acre es mayor que los 47 centavos que los blancos están pagando actualmente por las tierras de los indios en California. Daremos a los habitantes de esta isla una porción de tierra para uso propio, con garantía de la Comisión de Asuntos Indígenas y el control perpetuo del Departamento de Asuntos Caucasianos, mientras salga el sol y los ríos desemboquen en el mar. Orientaremos a los habitantes en la manera correcta de vivir. Les ofreceremos nuestra religión, nuestras costumbres, a fin de ayudarlos a alcanzar nuestro nivel de civilización, arrancándolos así (y a todos sus hermanos blancos) del estado salvaje e infeliz en que se encuentran. Proponemos este acuerdo de buena fe y queremos ser justos y honrados en nuestras transacciones con todos los hombres blancos...

Hallamos que la así llamada Isla de Alcatraz es más que apropiada para una Reserva indígena, dentro de los parámetros del propio hombre blanco. Queremos decir, con esto, que la isla se parece a una Reserva indígena en los siguientes aspectos:

1. Está aislada de las ventajas de la vida moderna, sin medios adecuados de transporte.
2. No tiene arroyos de agua fresca.
3. Sus instalaciones sanitarias son inadecuadas.
4. No tiene derechos de extracción mineral o de petróleo.
5. No posee industria, y así el desem-

pleo es muy elevado.

6. No posee instalaciones para la atención de la salud.

7. El suelo rocoso es improductivo, y el lugar no favorece la caza.

8. No hay instalaciones educativas.

9. La población siempre excedió la capacidad del local.

10. La población siempre fue mantenida como prisionera y dependiente de los demás.

Además de ello, sería adecuado y simbólicamente significativo que las naves de todo el mundo, al cruzar el puente Golden Gate, visualicen primero tierra india, recordando así la verdadera historia de esta nación. Esta minúscula isla sería un símbolo de las grandes tierras que un día pertenecieron a indios nobles y libres.

Nuestra lealtad al pueblo Mapuche se fundamenta en el propósito de rescatar la soberanía cultural de nuestra nación y el legado de nuestros antepasados, que pese a la explotación secular y el aislamiento en que ha sido relegado nuestro pueblo sobrevive e incluso se renueva.

La soberanía cultural Mapuche se funda no sólo como una lucha contra los despojos económicos y los abusos políticos, sino también en la voluntad de la preservación del ser indígena. La fuerza de una cultura con raíces en el pasado y en la geografía; en las montañas, cielos, mares, lagos y ríos; cuya vida de mitos, prodigios y espiritualidad sólo en ella se reconoce.

El que controla el pasado controla el futuro; el que controla el futuro contro-

la el presente. En el tiempo, la elite intelectual, religiosa y política chilena ha sido tan sólo portavoz de una versión parcial y distorsionada de la historia. Esta versión pretende convencernos de que nuestra realidad social y política son episodios de una misma historia y que esta emana de una sola vertiente: la española y la chilena. La palpitación perenne de lo Mapuche es la noción de Nuke Mapu Chaw que, por su especial belleza y duras exigencias que ha impuesto a sus moradores, ha ejercido influencia central en el desenvolvimiento de la vida de la Nación Mapuche y de las naciones originarias de las Américas.

Coexistencia en la diversidad, pluralidad étnica, regional y cultural es lo que reivindicamos como base de la dignidad Mapuche. Porque en nuestro pueblo siempre ha existido el respeto a la diversidad organizacional y regional, de allí la existencia de los huilliches, huenteches, picunches, nagches, pehuenches y lafquenches; los cuales históricamente han mantenido sus pecularidades individuales.

Proponemos, entre otras cuestiones... apoyar las gestiones de las organizaciones y comunidades Mapuches destinadas a recuperar sus territorios, la preservación del ecosistema, medio ambiente, y por un desarrollo equitativo y sustentable... y trabajar activamente por el fortalecimiento de los lazos de hermandad ancestral y de apoyo mutuo entre la familia Mapuche, tanto en Chile como en la República Argentina.

No permitiremos que nos arrebaten el beso de la luna, el calor radiante del sol, la húmeda caricia del mar, el aroma del canelo, el rojo del copihue y la sombra del Pewuen; alimento de nuestra esperanza.

Nación Mapuche, abril de 1999

Guerreros Sioux

Debemos reconocer que la vida en nuestras comunidades cambió dramáticamente durante generaciones. El cambio es inevitable, pero la cultura es un mecanismo para asegurar que los cambios no vayan en detrimento de la vida social, ceremonial, económica, educacional y política de la comunidad. Cada generación de Hau de no sau nee debe aplicar todos los principios, creencias y valores descriptos en nuestros documentos principales, para afirmar el mundo en el que se encuentran, y formular respuestas al mundo que les permite sobrevivir en sus propios términos.

Inclusive se nos ha brindado una manera de cumplir todo esto. Es la llamada filosofía de la Séptima Generación. Se instruye a los Caciques que, cuando deliberen sobre asuntos serios en el Consejo, consideren el impacto de

sus decisiones hasta la séptima generación en el futuro. De este modo, van a
proceder cautelosamente, pensando qué
efecto tendrán sus resoluciones sobre el
bienestar de sus descendientes. Requiere
una atención especial al futuro. Pero también produce un sentido de estabilidad.

Será necesario que algunas cosas
siempre permanezcan iguales porque
todavía vivimos en la misma tierra, vivimos todavía en las mismas áreas, y
tenemos todavía muchas de las tradiciones que permitieron la sobrevivencia
de nuestros antecesores. Estas mismas
tradiciones serán esenciales para las
generaciones futuras. Mantener las tradiciones vivas y viables es responsabilidad de esta generación. Nuestra ofren-
da al futuro es todo lo que cimienta
nuestra plataforma. Pero estas tradiciones no son apenas palabras sobre el
papel, que pueden ser estudiadas cuando haga falta. Estas tradiciones deben

ser practicadas todos y cada uno de los días. El estilo Hau de no sau nee de vida requiere un compromiso que lo haga suceder, a pesar de las tendencias en boga y los deseos del pueblo para cambiar tales tradiciones.

Existimos como un pueblo diferenciado del siglo XX. Somos únicos en el mantenimiento de uno de los pocos gobiernos tradicionales de Norteamérica, libre de la opresión del Buró de Asuntos Indígenas y libre de las lunáticas elecciones tribales. Nuestros líderes son elegidos de acuerdo con los más antiguos sistemas democráticos constitucionales.

Nosotros, como otros pueblos, seguimos manteniendo nuestra cultura. La cultura no es apenas reliquias del pasado, sino pautas de pensamiento y ciclos de conducta que forman los cimientos de nuestras vidas.

La ética que nos rige proclama:

Ser generoso.
Compartir.
Demostrar respeto.
Honrar a los demás.
Amar a la familia.
Vivir en paz.
Ser honrado.
Alimentar a los otros.
Ser agradecido.
Ser hospitalario.
Ser bondadoso.
Ser cooperativo.
Vivir en armonía con la naturaleza.
Ignorar el mal o la charla ociosa.

Las Seis Naciones Iroquesas, 1999

Soy un habitante de la selva, o sea, un indígena selvático. Y también soy como el agua y el aceite. En mí hay cosas muy distintas unas de otras, porque tengo mucho de montañés y algo de la sociedad actual.

Tanto mis hermanos Matacos como yo tenemos un gran sentimiento cósmico por la vida. Somos herederos de una cultura milenaria, pero hubo un vacío inevitable, desde que vino el conquistador, hasta ahora. La cultura occidental fue destructiva y demoledora. No nos dio la oportunidad de demostrar que nosotros también teníamos cultura, ciencia y religión. Pero aunque parezca una ironía del destino, a pesar de ese vacío todavía nos estamos formando y desarrollando. Porque sabemos que somos como un árbol plantado aquí en

América con raíces muy profundas. Mientras que el blanco no; él tiene sus raíces en otras tierras y sólo sus ramas están en América. Por eso son tan flexibles. No valora la técnica y la ciencia que tiene en América, sino que imita a sus raíces. Y las mismas raíces, cuando ven cómo las ramas las imitan, no les dan mucho valor. En cambio, a nosotros, aunque vengan vientos y mareas, no nos van a hacer caer tan fácilmente. Cuando a una planta se la aleja de su raíz, se seca. Y esto es lo que les sucede a estas ramas: están apartadas de su propia esencia. En cambio nosotros estamos creciendo todavía con mucho valor, a pesar de todo lo que sufrimos.

Tenemos una cosmovisión muy directa, y totalmente parecida a la de otras comunidades. Es nuestra expresión religioso-cultural, y, si se puede decir, también científica. Hemos llegado a comprender lo que es el total del cosmos. Pero el conquistador no nos respetó.

Pensamos que va a llegar la hora de surgir de nuevo. Porque somos una raíz que está firme en la tierra, pero a la que no le llega mucha agua. ¡En este momento vienen tantas cosas a mi mente! Nosotros somos el "Abdayala" (América en aimara), desde el norte hasta el sur, desde Canadá hasta Ushuaia. Pero hasta los documentos se extinguieron.

Nuestro sometimiento fue tremendo. Yo tuve que someterme para poder entender a los que me daban órdenes. Di lugar a que me sometan, pero todavía tengo latente mi forma de ser real.

Por otro lado, nunca fui un gran universitario y a veces me siento marginado. Pero lo acepto, aunque me duela, porque soy humano. Esto es lo importante: nosotros, como humanos, respetamos la naturaleza; respetamos a los animales como hermanos menores, y al Sol porque es uno de nuestros principios.

Mis hermanos a veces no comprenden bien las diferencias entre religión y sectas, entre lo que es tabú y no, según la denominación del blanco. Yo particularmente siempre hablo de la Sinfonía Divina de Dios. Creemos que en cada ciclo o etapa de la vida humana, Dios envía a un ser dotado con su influencia magnética, con todo Su poder y sabiduría, para tratar de organizar a la humanidad. Son muy pocas las religiones, quizás nueve, pero son millones las sectas que tratan de tergiversar a las religiones. Nuestra religión indígena es clara y positiva, y de ninguna manera destructiva. No sometíamos a nadie ni tampoco los impulsábamos a hacer cosas terroríficas, ni a creer en un mundo imaginativo y abstracto. Nosotros veíamos al Sol como un ser creador, lleno de vida. Sabíamos que gracias a él estábamos vivos. Pero no creíamos que hubiera un país en el más allá.

Sin ir tan lejos. La ciencia descubre cada día nuevos planetas y estrellas en el universo, pero todavía no sabemos qué es una planta, qué es una flor, qué es el agua, qué es la luz del Sol. Para vivir con Dios no se necesitan tantos avances tecnológicos ni que se busquen nuevas fórmulas químicas. La única fórmula que importa es aquella que ayude a que siga el ser humano en la Tierra. Para que no llegue a transmutarse. Y que aprenda a amarse a sí mismo, como un animal ama a su hijo, o como un ser humano ama a un animal. Para que se terminen los problemas ecológicos, la destrucción del planeta y la contaminación del ambiente. Nosotros los indios no hemos tenido tantos avances técnicos, pero hemos vivido siempre en armonía con la naturaleza, y hemos respetado a la Tierra y su atmósfera.

Sabemos que pronto vendrá un Gran Hombre y que los grandes jefes de los Estados comprenderán que es necesario el aporte de la cultura del indio a la ciencia universal para el bien de la humanidad. Siempre nos subestimaron, diciendo que no aportamos nada a la civilización. Y yo pregunto: ¿quién es el civilizado?, ¿cuál es la cultura civilizadora si permite el genocidio, la contaminación y la destrucción de la vida humana, si crea cosas como el bebé de probeta, que ni su misma religión acepta? Porque además no existe un equilibrio entre su religión y su ciencia. Para el indígena, en cambio, eran como las dos alas de un pájaro. Cuando este tiene un ala rota, vuela con dificultad, mientras que si se mantiene en equilibrio y no se dañan las alas, estas, juntas, pueden hacer que el pájaro se eleve muy alto y sin problemas. Pero si un ala quiere estar por encima de la otra para dominarla, entonces habrá caos y problemas tanto sociales como religiosos.

En nuestros rituales, el símbolo más importante es el círculo. Nos reunimos en círculo para conversar. Cuando lo hacemos, todos opinamos y después se elige la idea mejor o la más conveniente. Desde el principio, nuestros abuelos admiraron al Sol como a un círculo; también como una realidad, como algo completo. Imitamos en nuestros rituales al Sol. Nuestra forma de expresarnos en las reuniones religiosas es siempre en círculos. Bailamos en círculo, cantamos en círculo, alabamos a nuestro Dios en círculo. Todo lo podemos entender a través del círculo. El hombre blanco dice que somos idólatras, pero para nosotros lo que adoramos es una realidad. Yo le pregunto al blanco: ¿cuál es, dónde está su Dios imaginario? Que me conteste con la verdad. Porque él piensa siempre en algo abstracto y no busca realmente a Dios. Nosotros tratamos de conectarnos con su parte material para poder así elevarnos hacia esa Energía.

Melesio Zamora

Testimonio indígena mataco de la Argentina, recogido por Cristina Rafanelli y publicado en *Mutantia* Nº 2, 1980.

Ahora, el problema más grande para los Yanomami son los *garimpeiros* (buscadores de oro) que se encuentran en nuestras tierras, y las enfermedades que traen con ellos. La gubernamental Fundación Nacional de la Salud dice que, hasta mayo de este año, 1.300 Yanomami tuvieron malaria. Han contado 24 pistas aéreas clandestinas abiertas por los *garimpeiros* en la selva y dijeron que más de 2.500 hombres ingresaron ilegalmente a nuestra Reserva para escarbar en procura de oro.

Esta información fue publicada en mayo en el diario *Folha de Boa Vista*, cosa que cualquiera puede verificar.

Entre ellos, algunos tienen enfermedades como la influenza, la tuberculosis y los males venéreos, y contaminan a mi pueblo. Ahora tememos que traigan el sarampión y también el SIDA: esta enfermedad es tan peligrosa que no la queremos entre nosotros. Pero aquí, la peor enfermedad es la malaria, que viene con los mineros.

Son los indios quienes mantienen viva la floresta, porque los indios no destruyen la naturaleza en procura de oro. Los indios no arruinan la naturaleza porque saben que es importante para la salvación del planeta Tierra.

Por eso procuramos la ayuda de todos los que entiendan que sólo queremos vivir en paz. Si ellos no nos ayudan, los *garimpeiros* arruinarán todos los ríos y nos dejarán sin peces, sin agua para beber y sin caza, destruyendo la salud de los indios, de los blancos y del planeta.

Cuando voy a la gran ciudad veo a

gente con hambre, sin lugares para plantar, sin agua potable, sin espacio para vivir. No quiero que esto también le suceda a mi pueblo, no quiero que se destruya la selva, porque eso lleva a la miseria.

No digo que estoy en contra del progreso. Pienso que es bueno que los blancos vengan a vivir entre los Yanomami para enseñarles a leer y escribir, cómo cultivar panales, cómo usar plantas medicinales, los modos apropiados de cuidar la naturaleza. Esta gente blanca es muy bienvenida en nuestras tierras. Para nosotros, eso es progreso.

Lo que no queremos son las compañías mineras, que destruyen la floresta, ni los *garimpeiros*, que traen muchas enfermedades. Estos blancos deben respetar nuestras tierras Yanomami. Los *garimpeiros* traen armas, alcohol, prostitución, y destruyen la naturaleza donde quiera que vayan. Las maquinarias derraman aceite en los ríos y matan la vida que existe en ellos, y a la gente y los animales que dependen de ella. Para nosotros, esto no es progreso.

Queremos progreso sin destrucción. Queremos estudiar, aprender nuevos modos de cultivar la tierra, de vivir de sus frutos. Los Yanomami no quieren vivir del manejo del dinero, del oro: no estamos preparados para esto. Precisamos del tiempo para aprender.

Esto es lo que quería decirles a los blancos que quieran escucharme, para que puedan entender qué es lo que quieren los Yanomami. No queremos vivir sin árboles, sin la caza, sin los peces, sin el agua limpia. Si esto sucede, la miseria caerá sobre nuestro pueblo.

Por eso estoy aquí, defendiendo mi

tierra y mi pueblo. Espero que me ayuden en esta lucha.

Davi Kopenawa Yanomami

Alocución del Cacique brasileño del pueblo amazónico, dada en San Pablo, el 25 agosto de 1997.

Muñecos hopi,
en madera

Me alegra tener esta oportunidad de enviarles un mensaje. Estamos celebrando un tiempo de la historia al mismo tiempo colmado de júbilo y de tristeza. Me alegra esta posibilidad de compartir estos sentimientos con ustedes, porque sabemos que muchos de ustedes tienen los mismos problemas.

Los Hopi creemos que la raza humana ha pasado por tres mundos diferentes y tres estilos de vida distintos, desde los comienzos. Al final de cada período precedente, la vida humana ha sido purificada o castigada por el Gran Espíritu "Massauu", mayormente por causa de la corrupción, la codicia y el apartarse de las enseñanzas del Gran Espíritu. La última gran destrucción fue el diluvio que destruyó a todos, salvo a algunos fieles que pidieron y recibieron permiso del Gran Espíritu para vivir con Él en esta nueva tierra. El Gran Espíritu dijo: "Estén al corriente, si quieren vivir de acuerdo con mi pobre, humilde y sencillo modo de vida. Resulta duro, pero si concuerdan vivir según mis enseñanzas e instrucciones, si jamás pierden la fe en la vida que les daré, pueden venir y morar conmigo". Los Hopi y todos los que fueron salvados del gran diluvio hicieron una alianza sagrada con el Gran Espíritu, en aquellos tiempos. Nosotros, los Hopi, juramos que jamás le daríamos la espalda. Para nosotros, las leyes del Creador nunca cambian ni se quiebran.

Para los Hopi, el Gran Espíritu es todopoderoso. Apareció como hombre ante los pueblos iniciales y habló con ellos en los comienzos de este mundo creado. Nos enseñó cómo vivir, cómo venerar, adónde ir y qué alimento llevar, nos entregó semillas para plantar y cosechar. Nos dio un juego de tablillas sagradas de piedra, donde grabó con su aliento todas las enseñanzas para que salvaguardemos su tierra y la vida. Estas tablillas de piedra daban instrucciones, profecías y advertencias. Esto fue hecho con la ayuda de una mujer Araña y Sus dos nietos. Estos eran sabios y poderosos auxiliares del Gran Espíritu.

Antes de que el Gran Espíritu se ocultara, El y la mujer Araña pusieron ante los líderes de los diferentes grupos de gente muchos colores y tamaños de maíces para que eligieran su alimento en este mundo. Los Hopi fueron los últimos en hacerlo y entonces eligieron su comida: optaron por el maíz más pequeño. Entonces, Massauu dijo: "Ustedes me han demostrado que son sabios y humildes, por esta razón serán llamados Hopi (pueblo de paz) y les daré autoridad en la tierra para que la guarden, la protejan y la preserven para Mí hasta que regrese en días futuros, pues soy el Primero y el Ultimo."

Por esto, cuando un Hopi es ordenado en la más elevada orden religiosa, la tierra y todos los seres vivientes son puestos en sus manos. Se vuelve un progenitor de toda la vida en la tierra. Es habilitado para aconsejar y corregir a sus hijos del modo más pacífico que convenga. Así nunca podremos dejar de conocer el mensaje de paz que debe llegar a nuestros hijos. Entonces, es junto con los demás líderes espirituales que se coloca el destino de nuestros hijos. Se nos instruye para que mantengamos este mundo en equilibrio dentro de la tierra y con los demás universos, con plegarias y ritos especiales que prosiguen en estos días.

Fue a los dos nietos de la mujer Araña que se les dieron las tablillas sagradas de piedra. A estos dos hermanos se les indicó que las llevaran hasta un lugar señalado por el Gran Espíritu. El hermano mayor debía ir de inmediato hacia el Este, hacia el sol naciente y se le encomendó que no bien llegara a su destino debería procurar a su hermano menor, que permanecía en la tierra del Gran Espíritu. La misión del hermano mayor, no bien regresara, sería ayudar a su hermano menor (Hopi) para promover la paz, la fraternidad y la vida imperecedera a su retorno.

Hopi, el hermano menor, recibió instrucciones de cubrir toda la tierra y marcarla bien con huellas plantares y marcas sagradas, a fin de reclamar esa tierra para el Creador y por la paz en la tierra. Establecimos nuestros ceremoniales y altares sagrados para mantener a este mundo en equilibrio, de acuerdo con nuestra promesa inicial al Creador. Es así como va nuestra migración, hasta que nos encontremos con el Creador en el Antiguo Oribe (lugar que solidifica) de hace mil años. Fue en aquella reunión que nos dio esta profecía que les damos a ustedes en la clausura de este Cuarto Mundo de destrucción y el inicio del Quinto Mundo de paz. El nos dio muchas profecías para pasarles, y el momento ha llegado. Por ello, sabemos el tiempo exacto para revelarle a la humanidad las últimas advertencias e instrucciones.

Se nos dijo que nos mantuviéramos permanentemente aquí, en la tierra Hopi, donde nos reunimos con el Gran Espíritu y esperamos el retorno del Hermano Mayor que fue hacia el Este. Cuando regrese colocará sus tablillas de piedra a la par, para mostrarle al mundo que ellos son nuestros hermanos genuinos. Cuando el sendero del cielo ha sido recorrido y cuando se inventa lo que en Hopi significa "calabaza de cenizas", y eso significa un hervor sobre un espacio inmenso donde nada crecerá durante un largo tiempo. Cuando los líderes se volcaron a los modos malignos en vez de ir hacia el Gran Espíritu, se nos dijo que muchos modos de vida serían destruidos. Esto, en el caso de que los seres humanos no retrocedan ante la profecía y regresen a las instrucciones espirituales originales. Se nos mencionó que tres ayudantes a quienes el Gran Espíritu encomendó que ayuden a los Hopi a promover la vida pacífica sobre la tierra, aparecerían para ayudarnos y que no debíamos cambiar de hogar, de ceremoniales y de peinados, porque los ayudantes podrían no reconocernos como a los auténticos Hopi. Así es que hemos estado esperando todos estos años.

Es sabido que nuestro Genuino Hermano Blanco, cuando venga, será todopoderoso y vestirá una capa o manto rojo. Traerá con él las sagradas tablillas de piedra. Con él vendrán dos gigantes, muy sabios y poderosos. Uno representará la pureza y es Femenino, productor de vida. El tercero, o segundo auxiliar de nuestro Genuino Hermano Blanco, vendrá con un símbolo del sol. El también será mucha gente, y muy sabio y poderoso. En nuestras ceremonias Kachina sagradas tenemos un sonajero de calabaza, en uso todavía, con los símbolos de estos poderosos auxiliares de nuestro Genuino Hermano.

También está profetizado que si estos tres fallan en el cumplimiento de su misión, el del Oeste vendrá como una tormenta gigantesca. El será muchos en números, y será inclemente. Al llegar cubrirá la tierra como las hormigas rojas y se apoderará de ella en un solo día. Si los tres auxiliares elegidos por el Creador cumplen su sagrada misión, y si queda uno, dos o tres de los verdaderos Hopi ceñidos a las antiguas enseñanzas e instrucciones del Gran Espíritu, Massauu aparecerá ante todos y nuestro mundo será salvado. Los tres expondrán un nuevo plan de vida que conduce a una existencia y paz interminables. La tierra quedará renovada tal como era al comienzo. Las flores resurgirán de nuevo, gamos salvajes regresarán a las tierras baldías y habrá abundancia de alimentos para todos. Los que se salven compartirán todo en partes iguales y todos reconocerán al Gran Espíritu y hablarán un único idioma.

Ahora estamos enfrentando grandes problemas, no sólo aquí sino en la Tierra entera. Antiguas culturas están siendo aniquiladas. Las tierras de nuestra gente les están siendo arrebatadas, no quedando nada que pueda ser considerado como propio. ¿Por qué está sucediendo eso? Está sucediendo porque muchos han descartado o están manipulando las enseñanzas espirituales originales. El tipo de vida que el Gran Espíritu concedió a todas las gentes del mundo, con cualesquiera instrucciones originales, no se está respetando. Es por esta inmensa enfermedad llamada codicia, que infecta toda tierra y país, que la gente sencilla está perdiendo todo lo que conservó durante miles de años.

Ahora estamos en el mismísimo final de nuestro camino. Mucha gente ya no reconoce el verdadero sendero del Gran Espíritu. De hecho, no respetan al Gran Espíritu o a nuestra preciosa Madre Tierra, que nos da toda la vida.

Fuimos instruidos en nuestra antigua profecía sobre que esto podría suceder. Se nos dijo que alguien trataría de ir a la luna: que traerían algo de la luna; y que después de todo ello la Tierra daría señales de estar perdiendo su equilibrio. Ahora vemos que está sucediendo. En todo el mundo abundan las señales de que la naturaleza ya no está en equilibrio. Inundaciones, sequías, terremotos, y gigantescas tormentas ocurren y causan muchos sufrimientos. No queremos que esto suceda en nuestro país y le oramos al Gran Espíritu para que nos salve de tales cosas. Pero ahora hay señales de que esa misma cosa podría suceder muy pronto en nuestro propio país.

Ahora debemos mirarnos unos a otros como hermanos y hermanas. No hay más tiempo para las divisiones entre la gente. Hoy los convoco a todos, desde aquí mismo, en casa, Hotevilla, donde también somos culpables de chismes y divisiones inclusive entre nuestras propias familias; hacia todo el mundo, donde el saqueo, la guerra y la mentira dominan cada día. Estas divisiones no serán nuestra salvación. Las guerras sólo traen más guerras, nunca traen la paz. Sólo uniéndonos en una Paz Espiritual con amor en el corazón los unos hacia los otros, amor en nuestros corazones hacia el Gran Espíritu y la Madre Tierra, podremos salvarnos del terrible Día de Purificación que está ante nosotros.

Hay muchos entre ustedes, en este mundo, que son gente honesta. Los conocemos espiritualmente porque somos los "Abuelos de la Sociedad de los Hombres", a quienes se nos encomendó orar por ustedes y por toda la vida sobre la Tierra, sin olvidar nada ni a nadie en nuestras ceremonias. Oramos para equilibrar la Tierra, una vida en paz, y para dejarle un mundo hermoso a los niños que todavía no nacieron. Sabemos que ustedes tienen buenos corazones pero los buenos corazones no son suficientes para ayudarnos con estos grandes problemas. En el pasado, algunos de ustedes trataron de ayudar a los Hopi, y siempre les estaremos agradecidos por sus esfuerzos. Pero ahora precisamos su ayuda de la peor manera. Queremos que la gente del mundo conozca la verdad de nuestra situación.

El país que la gente llama Tierra de Libertad celebra muchos feriados que le recuerdan tales cosas a la gente del mundo. Sin embargo, por más de 200 años los americanos originales no han visto un solo día de libertad. Estamos padeciendo el insulto final. Nuestro pueblo está perdiendo ahora la única cosa que da vida y significado a la vida: nuestra tierra ceremonial, que nos está siendo arrebatada. Hotevilla es el último lugar consagrado, el único santuario sagrado del Creador de los americanos nativos tradicionales. Como sostiene la profecía, este santuario sagrado debe mantener abiertos sus senderos espirituales. La aldea es el vórtice espiritual de los Hopi para guiar a los muchos nativos americanos que despiertan junto a otros auténticos corazones, hacia el corazón de su única cultura propia. Hotevilla fue establecida por los últimos ancianos sobrevivientes, para mantener la paz y el equilibrio en este continente desde la punta de Sudamérica hasta Alaska. Muchos de nuestros amigos dicen que Hotevilla es un altar sagrado, un tesoro nacional y mundial que debe ser preservado. Precisamos la ayuda de ustedes.

¿Dónde está la libertad por la cual ustedes luchan y se sacrifican para sus hijos? ¿Son sólo los indios quienes la han perdido o son todos los norteamericanos los que pierden eso que sus antecesores vinieron a buscar? No tenemos libertad de prensa porque lo que aparece en los diarios es lo que el gobierno quiere que la gente crea, no lo que realmente está sucediendo. No tenemos libertad de palabra, porque somos perseguidos hasta por nuestra propia gente cuando expresamos nuestras creencias.

Ahora estamos en los tramos finales y hay una fuerza final a punto de arrebatarnos la patria que nos resta. Todavía se nos niegan muchas cosas, incluido el rito que nos hace Hopi y la vida según nuestras enseñanzas religiosas. Los líderes Hopi han advertido a los líderes de la Casa Blanca y del Palacio de Cristal (ONU), pero ellos no escuchan. Así que como dice nuestra profecía, debe ser la gente de buenos corazones puros la que no debe temer ayudarnos a cumplir nuestro destino de paz para este mundo. Ahora estamos en una encrucijada que puede llevarnos a una vida perdurable, o a la destrucción total. Creemos que la potencia espiritual de los seres humanos a través de la oración es tan fuerte que decide la vida o la muerte.

Muchísima gente ha venido a la tierra Hopi para reunirse con nosotros. A otros de ustedes los hemos conocido en su propio suelo. Muchas veces, mucha gente nos preguntó cómo puede ayudarnos. Ahora, espero y rezo para que llegue la ayuda de ustedes. Si tienen un modo de esparcir la verdad, a través de los diarios, la radio, libros, reuniones con gente poderosa, ¡cuenten la verdad! Díganles lo que saben que es verdadero. Cuenten lo que han visto aquí; lo que escucharon de nuestros labios; lo que vieron con sus propios ojos. De este modo, si sucumbimos, que se diga que intentamos, hasta el mismísimo fin, mantenernos ceñidos al sendero de paz que originariamente nos indicó el Gran Espíritu. Si acaso ustedes tienen éxito, todos nosotros advertiremos nuestros errores del pasado y retomaremos la senda del vivir genuino, en armonía, como hermanos y hermanas, compartiendo a nuestra madre, la Tierra, con las demás criaturas vivientes. De ese modo, podremos posibilitar un nuevo mundo. Un mundo que será orientado por el Gran Espíritu, y nuestra madre proveerá abundancia y felicidad para todos.

Dios los bendiga, a cada uno de ustedes, y sepan que nuestras plegarias por la paz se unen con las de ustedes cuando el sol sale y se pone. Que el Gran Espíritu los guíe con seguridad por el sendero del amor, la paz, la libertad y Dios sobre esta Madre Tierra. Que los santos ancestros del amor y la luz los mantenga seguros en sus tierras y en sus hogares. Rezo a Dios para que les dé algo importante para hacer en esta inmensa obra que se alza ante todos nosotros para consolidar la paz sobre la Tierra. Nosotros, los Hopi, todavía conservamos las tablillas sagradas de piedra y ahora esperamos la llegada de nuestro Genuino Hermano Blanco y otros seriamente dispuestos a trabajar para la paz del Creador en la Tierra.

Estén bien, hijos míos, y piensen buenos pensamientos de paz y convivencia. Paz para toda la vida en la Tierra, y paz entre todos en sus hogares, familias y países. Ante los ojos del Creador no somos tan diferentes. El mismo gran Padre Sol hace brillar su amor sobre cada uno de nosotros diariamente así como la Madre Tierra prepara las sustancias para nuestras mesas, ¿no es así? Somos uno, después de todo.

Cacique Dan Evehema

Este Gran Jefe de la Nación Hopi falleció a los 108 años, el 15 de enero de 1999. Pronunció este llamado desde el santuario de Hotevilla (Arizona) al cumplir 105 años. La tribu divulga este y otros manifiestos de sus sucesores desde una página electrónica (www. timesoft.com/hopi), y mediante la difusión incesante de las profecías ancestrales, algunas de las cuales fueron adaptadas por el director británico Godfrey Reggio en sus películas *Koyaanisqatsi* y *Powaaqatsi*.

●

ÍNDICE

OTROS

LIBROS

DE

ESTA

SERIE

Clásicos de Bolsillo

LA OBRA DE KHALIL GIBRÁN

- El Profeta
- El Vagabundo
- La Procesión
- El Loco
- La Voz del Maestro
- El Jardín del Profeta

Clásicos de Bolsillo

LA OBRA DE RABINDRANATH TAGORE

• Sadhana, la Vía Espiritual

Cuentos Elegidos •

LA OBRA DE GANDHI

• Reflexiones sobre la No Violencia

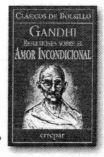

Reflexiones sobre
el Amor Incondicional •

Clásicos de Bolsillo

- **Cartas a un Joven Poeta**
  de *Rainer María Rilke*
- **Sin Tapujos**
  de *Oscar Wilde*
- **Leyendas de Amor y Virtud**
  de *San Francisco de Asís*
- **Lunas, Penas y Gitanos**
  de *Federico García Lorca*
- **El Origen de las Especies**
  de *Charles Darwin*
- **Ideas Fuertes**
  de *Friedrich Nietzsche*

Clásicos de Bolsillo

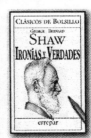

- **Las Cuatro Nobles Verdades**
  de *Buda*
- **El Escarabajo de Oro**
  de *Edgar Allan Poe*
- **Ironías y Verdades**
  de *George Bernard Shaw*
- **Walden, La Vida en los Bosques**
  de *Henry David Thoreau*
- **El Tao para Todos**
  de *Lao Tse*
- **El Poder de la Compasión**
  del *Dalai Lama*

Clásicos de Bolsillo

- **EL PRÍNCIPE**
  de *Nicolás Maquiavelo*
- **LOS MEJORES POEMAS DE AMOR**
  de *Neruda, Benedetti y otros*
- **CUENTOS TRADICIONALES**
  de los *Hermanos Grimm*
- **PAZ PERSONAL, PAZ SOCIAL**
  de *Thomas Merton*
- **LOS RUBAIYAT**
  de *Omar Khayyam*
- **ROMEO Y JULIETA**
  de *William Shakespeare*